Les Bonnes Recettes de nos Chefs du Québec

Les Bonnes Recettes de nos Chefs du Québec

Entrées - Poissons - Viandes - Desserts

PAR

50 CHEFS
RÉPUTÉS

Présentées par Céline Petit-Martinon

EDITIONS

Quebecor

Maquette de la couverture:
Gilles Cyr, Le Graphicien inc.

Typographie et mise en pages:
Les ateliers SMV inc., La Prairie

LES ÉDITIONS QUEBECOR
Une division de Groupe Quebecor Inc.
225, rue Roy est
Montréal, H2W 2N6
Tél.: (514) 282-9600

Bibliothèque nationale du Québec
Bibliothèque nationale du Canada
ISBN 2-89089-258-1

Qui est Céline Petit-Martinon?

Un livre est chose bien indiscrète puisqu'il révèle, consciemment ou non, les qualités et les défauts de son auteur. Qui est donc Céline Petit-Martinon pour parler gastronomie? Au départ, une femme gourmet et gourmande, un excellent cordon-bleu, l'épouse de Charles Petit-Martinon, responsable des pages gastronomiques au *Journal de Montréal*. Qui prend mari... accompagne, déguste et développe... une journaliste donc curieuse, et une relationniste donc... réceptions en quantité, relations favorables aux réponses et aux multiples dégustations culinaires d'où découvertes qu'elle a décidé, en bon Cancer, de partager.

Son «gros» problème, vous l'aurez deviné: sa ligne... Bien manger et rester svelte, voilà une difficulté partagée par tous les gourmets de la terre. C'est pourquoi elle a décidé de réunir dans un livre des recettes qui permettent l'équilibre de la ligne: entrées, fruits de mer, poissons, viandes et desserts, un peu de tout pour tous les goûts. Elle suggère simplement de servir dans des assiettes plus petites...

Céline, chasseresse (et c'est véridique) a aussi pensé ajouter quelques recettes de gibier. Grande voyageuse devant l'Éternel, elle n'a pas oublié les recettes rapportées de voyages et mises à l'essai durant ses moments de loisirs! Il y a, ne l'oublions pas, 52 week-ends par année et comme elle possède plus de 300 livres de cuisine, elle ne s'ennuie jamais, vous l'aurez deviné.

Recherchiste et animatrice à la télé, elle présentait à l'automne 83 une nouvelle série en collaboration avec AGROPUR: À l'École des chefs. Elle poursuit son dada favori pour le plaisir des téléspectateurs à qui elle fait connaître non seulement nos chefs mais aussi leurs adresses.

Elle est également allée chercher quelques recettes créées par les chefs de l'Institut de l'hôtellerie qui, depuis 15 ans, redonnent à la cuisine québécoise ses lettres de noblesse. Il est évident qu'un diplôme d'École Normale (Saint-Hyacinthe) la préparait depuis longtemps à ce livre et à ces émissions de télé. Mais il paraît difficile (sinon en pensant exercices et sveltesse) d'y associer ses études en éducation physique (Université de Montréal) et en judo (ceinture marron, s.v.p.).

L'Institut des arts graphiques a pu l'aider, peut-être, dans la façon de dresser la table; ses cours de théâtre et d'expression corporelle lui ont sans doute permis de rendre ses auditoires assez attentifs pour qu'ils oublient ses quelques livres en trop.

En quelques mots, Céline Petit-Martinon a toujours eu le goût des bonnes choses et elle se devait de faire paraître un livre de recettes et j'ajouterai qu'elle a le cœur aussi grand que sa bibliothèque, ce qui n'est pas peu dire.

PRÉFACE

J'ai toujours éprouvé une vive admiration pour tous ceux qui pratiquent l'art culinaire, aussi bien en famille qu'en restauration. Sans elles et sans eux, dites-moi, comment l'humanité pourrait-elle survivre agréablement?

Avant la découverte du phénomène de la cuisson, on avait pour tout menu: fruits et légumes, viandes et poissons crus, et comme «sauce piquante», toute la gamme des insectes.

Heureusement, la civilisation nous a apporté d'excellentes cuisines. En France, Curnonsky les limitait à quatre: la haute cuisine; la cuisine bourgeoise, c'est-à-dire celle du foyer; la cuisine régionale qu'il divisait en trente-deux variétés; et la cuisine impromptue ou de plein air, laquelle, disait-il, s'improvise à «l'infortune du pot».

Aujourd'hui, cinquante ans plus tard, nous avons la cuisine nouvelle, la cuisine minceur, la cuisine rapide, la cuisine naturiste, et la cuisine «n'importe comment» qui devient souvent la cuisine «crampes d'estomac» et la cuisine cancérigène.

Selon un humoriste américain, c'est grâce à certaines de ces modes ou de ces tendances que les médecins peuvent se payer du caviar d'Iran et de la sole de Douvres.

Le livre que vous avez sous la main a l'extrême avantage de vous protéger contre tous les abus que commettent les hérétiques qui n'ont ni *foie* ni loi.

Les recettes que l'auteur a glanées à votre intention sont dues au talent et à l'expérience des nombreux chefs de cuisine qui font honneur à leur profession. Si certaines de nos grandes vedettes culinaires ne sont pas citées, nous formulons le vœu que nous aurons l'avantage de les lire dans un prochain volume.

En plus de nos félicitations, Céline Petit-Martinon mérite toute notre gratitude pour son précieux apport à l'art de faire bonne chère.

Gérard Delage

CHAPITRE 1

ENTRÉES ET PÂTES

Aiguillettes de canard à l'érable

Le chef
Jean Gimenez
Auberge St-Tropez
1208, rue
Crescent,
Montréal

Ingrédients: (pour deux personnes)

- 2 oz de fond de canard (ou 2 oz de bouillon en cubes)
- 1 oz de sirop d'érable
- 10 oz d'alcool d'érable

- 50 g de beurre
- sel, poivre
- 2 aiguillettes de canard (poitrine)

Préparation:

- Mettre deux noix de beurre dans une sauteuse et y faire revenir vos deux poitrines 5 minutes de chaque côté, à feu doux.
- Dans une autre casserole, mettre le fond, le sirop, le sel et le poivre et laisser réduire de moitié. Ajouter ensuite l'alcool d'érable et laisser mijoter doucement, environ 4 minutes.
- Ajouter les aiguillettes et laisser cuire encore 4 minutes. Lorsqu'elles sont cuites, il est important de les retirer du feu; si vous les y laissez trop longtemps elles durciront.
- Ajouter la sauce dans laquelle ont cuit les aiguillettes, porter le tout à ébullition (la sauce devrait épaissir), retirer du feu et incorporer le reste du beurre à la sauce.
- Pour servir, découper le canard en escalopes et verser la sauce dessus. Accompagner de brocolis et de pommes vapeur.

Avocat Jalisco

*Le chef Heinz Wagner
Hôtel Régence Hyatt
777, rue Université,
Montréal.*

Ingrédients: (recette pour une personne)

- 3 tranches de jambon prosciutto
- ½ avocat

- ½ pamplemousse
- 2 feuilles de laitue
- 2 oz de sauce aux noix

Préparation:

- Peler l'avocat et le partager en trois.
- Découper le pamplemousse et poser les tranches de prosciutto sur une planche. Placer un morceau d'avocat et un morceau de pamplemousse sur la tranche de jambon.
- Rouler le tout.
- Placer les feuilles de laitue sur une assiette et rouler.
- Garnir avec le restant de pamplemousse et de sauce aux noix.

Sauce aux noix

- 1 jaune d'œuf
- ½ oz de noix écrasées
- 2 c. à table de vinaigre de framboises

- ½ cuil. de moutarde de Dijon (forte)
- 1 oz d'huile de maïs
- sel et poivre frais moulu

- Placer le jaune d'œuf dans un bol avec la moutarde, le vinaigre, le sel et le poivre. Avec un fouet, ajouter lentement l'huile.
- Lorsque tout est bien mélangé, ajouter les noix au tout.

Esturgeon fumé, pointe de citron

*Le chef
Renaud Cyr
Manoir des
érables,
Montmagny
(Relais et
châteaux de
France)*

Ingrédients: (6 portions)

- Laitue Boston (quantité suffisante)
- 450 g d'esturgeon fumé escalopé
- Poivre du moulin
- 12 quartiers de citron
- 175 mL d'oignon ciselé
- 175 mL de tomate en dés (pulpe)
- 6 portions de sauce au yogourt* et à la ciboulette

Préparation:

- Foncer une assiette avec les feuilles de laitue.
- Disposer les escalopes d'esturgeon sur le lit de laitue.
- Poivrer.
- Décorer avec les quartiers de citron, l'oignon et les dés de tomate.
- Arroser l'esturgeon avec la crème à l'échalote.
- Servir froid.

15

* Sauce au yogourt et à la ciboulette

Ingrédients: (6 portions)

- 2 yogourts nature
- 20 mL de jus de citron
- 45 mL de bouillon de volaille
- sel
- poivre
- 30 mL de ciboulette ha-
  chée finement

Préparation:

- Battre le yogourt, y ajouter le jus de citron et le bouillon de volaille.
- Saler et poivrer, puis ajouter la ciboulette hachée finement.
- Bien mélanger.

Feuilleté de saumon, sauce matanaise

*Le chef
Renaud Cyr
Manoir des
érables,
Montmagny*

Ingrédients: (6 portions)

- 350 g de filet de saumon
- 75 mL de calvabec
- 30 mL de persil haché
- 30 mL d'échalote hachée
- Sel
- Poivre
- Herbes fraîches
- 750 g de pâte feuilletée congelée
- 2 œufs battus

Préparation:

- Couper le filet en escalopes et les faire mariner dans le calvabec et les épices.
- Abaisser la pâte et la découper en deux abaisses en forme de poisson.
- Disposer les morceaux de saumon au centre de la première abaisse, poser la deuxième et la coller sur le poisson.
- Dorer à l'œuf et cuire au four.
- Servir avec la sauce matanaise.

* Sauce matanaise

Ingrédients: (6 portions)

- 175 g de crevettes de Matane
- 350 mL de bouillon de poisson
- 275 mL de crème à 35%
- 15 mL de persil haché
- 15 mL de ciboulette hachée
- Sel
- Poivre du moulin
- 125 g de beurre doux

Préparation:

- Cuire les crevettes avec le bouillon de poisson et la crème, à couvert.
- Passer au mélangeur puis à l'étamine.
- Assaisonner et monter au beurre en fouettant.

Fettucini Labelle Fontaine

*Le chef
Giuseppe Salvati
Restaurant
Labelle Fontaine,
1230, Labelle,
Laval.*

Ingrédients: (pour 4 personnes)

- 1½ lb de fettucini
- 2 onces de beurre
- ¼ lb de bacon maigre coupé en morceaux
- 12 onces de champignons coupés en cubes
- 8 onces de crème à 35%
- 5 onces de sauce tomate
- 5 onces de vin blanc
- Sel et poivre
- Persil et estragon

Préparation:

- Dans une grande poêle, faire dorer le beurre et le bacon. Ajouter les champignons. Saler et poivrer au goût.
- Ajouter le vin. Laisser mijoter. Ajouter la crème à 35% et brasser jusqu'à épaississement.
- Ajouter la sauce tomate, le persil et l'estragon. Laisser mijoter encore durant quelques minutes.
- Pendant ce temps, faire cuire les fettucini. Une fois cuits, les égoutter et les verser dans la sauce.
- Bien mélanger. Saupoudrer de fromage Romano si vous le désirez.

Fumet de volaille à la julienne de sarrasin et de légumes

Recette présentée par le Centre de recherches technologiques de l'Institut de tourisme et d'hôtellerie du Québec.

Ingrédients: (6 portions)

- 3 L (2⅔ pintes) d'eau
- 75 mL (⅓ tasse) de carotte en mirepoix
- 75 mL (⅓ tasse) d'oignon en mirepoix
- 75 mL (⅓ tasse) de poireau en mirepoix
- 75 mL (⅓ tasse) de céleri en mirepoix
- 1 bouquet garni (thym, laurier, céleri, queue de persil)
- Sel
- 1 poulet
- 30 mL (2 c. à table) de carotte en julienne
- 30 mL (2 c. à table) de céleri en julienne
- 65 mL (¼ tasse) de farine de sarrasin
- 1 œuf
- 1 mL (¼ c. à thé) de sel
- 50 mL (3½ c. à table) de lait
- 30 mL (2 c. à table) de saindoux

Préparation:

- Mettre l'eau dans une casserole et y ajouter les mirepoix de carottes, d'oignons, de poireaux et de céleri ainsi qu'un bouquet garni afin de former un court-bouillon.
- Saler ce court-bouillon et y faire cuire le poulet pendant environ 30 à 40 minutes. Retirer le poulet. Laisser reposer et bien dégraisser le bouillon en enlevant l'excès de graisse qui s'est formé à la surface du liquide.
- Faire pocher pendant une minute dans le bouillon les carottes et le céleri en julienne (les cuire à découvert, sans les faire bouillir).
- Mélanger la farine de sarrasin, l'œuf et le sel. Détendre l'appareil avec le lait, c'est-à-dire lui ajouter le lait pour l'éclaircir.
- Graisser la poêle à galette et faire 3 galettes. Couper les galettes en julienne. Répartir le bouillon dans les assiettes et garnir avec la julienne de légumes et de sarrasin.

Note: le fumet de volaille peut se conserver au congélateur dans des contenants individuels pendant une durée maximale de quatre mois. Pour la réanimation, réchauffer doucement sur le feu.

Pour utiliser le poulet cuit au bouillon, désosser le poulet et l'utiliser soit en salade, soit en petits morceaux pour farcir des tomates, ou encore en tourte avec un appareil aux œufs, pour farcir des crêpes, ou en sandwich.

Gnocchi à la vénitienne

Soeur Angèle
Rizzardo
Professeur d'art
culinaire,
Institut de
l'hôtellerie et du
service de
l'Éducation aux
adultes.

Ingrédients:

- 500 g (1 lb) pommes de terre
- 100 g (3½ oz) beurre
- sel
- poivre
- deux œufs
- ¾ de tasse de farine ordinaire
- 100 g (3½ oz) parmesan râpé

Préparation:

- Passer vivement au tamis fin les pommes de terre d'abord cuites à l'eau, puis égouttées et séchées. Ajouter le beurre, le sel, le poivre, les deux œufs, la farine et la moitié du parmesan râpé.
- Diviser l'appareil (la mixture) en boules de la grosseur d'une noix de Grenoble. Rouler dans de la farine puis pocher à l'eau bouillante salée pendant 10 minutes sans laisser bouillir. Égoutter.
- Dans un plat allant au four, déposer les gnocchi, les saupoudrer avec le restant de parmesan et arroser avec du beurre fondu. Dans un four à 230°C (450°F), faire gratiner pendant 10 minutes environ, puis servir chaud.

Mousse de foies de volaille

Recette présentée par le Centre de recherches technologiques de l'Institut de tourisme et d'hôtellerie du Québec.

Ingrédients: (6 portions)

- 10 mL (2 c. à thé) de beurre
- 350 g (12 oz) de foie de volaille
- 60 mL (2 oz) de calvabec
- 175 mL (6 oz) de crème à 35%
- sel
- poivre
- 60 mL (½ tasse) de beurre fondu

Préparation:

- Beurrer 6 petits moules individuels. Réserver.
- À l'aide d'un mélangeur électrique, réduire en purée tous les ingrédients.
- Verser l'appareil dans les moules en ayant soin de ne pas remplir à plus des deux tiers.
- Placer les moules dans un bain-marie et verser de l'eau jusqu'à égalité de l'appareil.
- Couvrir d'un papier d'aluminium.
- Cuire au four à 180°C (350°F) jusqu'à ce que la mousse commence à gonfler au centre (éviter de trop cuire).
- Couvrir avec le beurre fondu. Refroidir et servir.

N.B.: Peut se garder une semaine au réfrigérateur.

Salade de perdrix tiède à l'estragon

*Le chef
Renaud Cyr
Manoir des
érables,
Montmagny*

Ingrédients: (1 portion)

- 1 poitrine de perdrix
- 30 mL de beurre
- Sel
- Poivre
- 375 mL de laitue ciselée
- 45 mL de carotte coupée en julienne
- 45 mL de céleri coupé en julienne
- 45 mL de panais coupé en julienne
- 45 mL de beurre
- 5 mL d'estragon
- 60 mL de vin blanc
- Sel
- Poivre

Préparation:

- Faire cuire la poitrine dans le beurre. Garder saignante.
- Assaisonner.
- Déposer la laitue (Iceberg, Boston, épinards) dans une assiette.
- Dresser la poitrine découpée en escalope sur la laitue.
- Disposer les légumes.
- Faire fondre le beurre.
- Ajouter l'estragon.
- Mouiller avec le vin et assaisonner.
- Napper la perdrix.
- Servir immédiatement.
- Garnir au choix.

Sui-Maï (beignets mixtes)

Le chef Yan Fong
Restaurant Léo
Foo
1001, rue Saint-
Laurent,
Montréal

Ingrédients:

- 160 g de farine
- 1 douzaine d'œufs
- 320 g de farine Har Gow
- 60 g de sucre
- ½ tasse de sauce soya
- 2 gouttes d'huile de sésa-
me
- un peu de poivre
- 900 g de porc maigre
- 900 g de crevettes
- 80 g de champignons
- ½ cuillerée de sel

Préparation:

- Casser les œufs, ajouter la farine; mélanger et masser jusqu'à obtention d'une boule. Couper en petits morceaux et les aplatir de 3 à 4 cm de diamètre.
- Laver les crevettes et les assécher avec un morceau d'étoffe; ajouter du sel et mélanger 2 minutes. Couper la viande et les champignons en petits morceaux; ajouter les crevettes et mélanger avec les quatre derniers ingrédients pendant 3 minutes.
- Envelopper la viande avec de la pâte et faire cuire à la vapeur avec de l'eau bouillante pendant 5 minutes.

Croûte aux fromages Bernard

*Le chef
Bernard Willa,
traiteur, 112, rue
Guilbault,
Longueuil*

Ingrédients:

- ½ tasse d'oignons
- ½ tasse de bacon
- ½ tasse de champignons
- 1½ tasse de fromage rapé cheddar et Forêt noire d'Oka
- 4 jaune d'œufs
- 1 verre de vin blanc sec
- 1 c. à thé de poivre blanc
- Paprika
- 6 tranches de pain grillées

Préparation:

- Sauter, dans un poêlon, bacon et oignons tranchés assez fins, jusqu'à ce qu'ils deviennent dorés, ajouter les champignons et sauter 2 à 3 minutes. Égoutter le tout dans une passoire et mettre de côté.
- Remettre dans le poêlon, ajouter le vin blanc et faire réduire 5 minutes. Retirer du feu et laisser refroidir.
- Ajouter le fromage et les jaunes d'œufs, poivrer au goût, bien démêler pour en faire une pâte à tartiner sur votre pain grillé (⅜ po d'épaisseur environ). Saupoudrer de paprika. Placer sur un plat allant au four sur la grille du milieu. Cuire 3 à 4 minutes à 300°F.

CHAPITRE 2
POISSONS ET CRUSTACÉS

Alose
Braconnière

Le chef
Jean-Pierre Sauval
Le Restaurant de
France,
Hôtel Méridien,
Complexe Desjardins
Montréal.

Ingrédients:

- 1 alose de 1 kg
- 40 cl. de cidre
- 2 échalotes
- 50 g de beurre
- Persil, ciboulette, cerfeuil
- 1 poireau émincé
- Sel, poivre

Préparation:

- Faire préparer par le poissonnier 1 alose bien écaillée. Vider, parer (enlever nageoires), laver, égoutter.
- Hacher finement les échalotes, le poireau, les fines herbes.
- Beurrer un plat allant au four. Y disposer en lit le hachis de fines herbes et poser l'alose dessus. Saler, poivrer.
- Mettre le reste du beurre par-dessus. Mouiller à mi-hauteur avec le cidre et faire cuire pendant 25 minutes à four moyen. Servir avec pommes de terre cuites à la vapeur.
  Vin suggéré: Masia Bach, blanc, bien frais.

Coquille

Le chef
Léonard Lem
Restaurant-bar
Le Vieux Pêcheur
1300 Voie de
service sud
Transcanadienne

Ingrédients: (10 portions)

- 5 lb de petites pétoncles
- ½ lb de petites crevettes
- ½ lb de champignons en tranches
- ¼ t. d'oignons hachés
- 4 t. de lait
- ¼ t. de vin blanc
- 1 once d'huile végétale
- 1 feuille de laurier moyenne
- ¾ c. à thé de sel
- ¼ c. à thé de poivre blanc
- 5 c. à thé de fécule de maïs

Préparation:

- Chauffer l'huile. Faire sauter les oignons avec la feuille de laurier jusqu'à transparence.
- Ajouter les pétoncles, les crevettes et brasser. Lorsque cuit, ajouter le lait, le vin, les champignons. Saler et poivrer. Amener à ébullition.
- Épaissir la sauce avec la fécule de maïs. Servir.

Coquille Saint-Jacques à la ciboulette

Le chef
Mikio Owaki
Restaurant Le
Nouveau Duluth
172 est, rue
Duluth,
Montréal

Ingrédients: (4 personnes)

- 2 lb de coquilles Saint-Jacques
- 10 cl de vin blanc
- 10 cl de fumet de poisson
- 4 cl de vermouth
- 1 échalote hachée
- ½ tomate concassée
- 8 champignons émincés
- ½ litre de crème à 35%
- ciboulette
- sel et poivre
- beurre
- jus de citron

Préparation:

- Beurrer le fond d'une casserole et mettre l'échalote hachée, les coquilles Saint-Jacques, la demi-tomate concassée et les champignons émincés.
- Mouiller avec le vin blanc, le vermouth et le fumet de poisson.
- Amener à ébullition et laisser cuire doucement pendant 3 minutes.
- Lorsque le tout est cuit, retirer les coquilles Saint-Jacques et laisser la cuisson réduire de moitié.
- Ajouter la crème à 35% et laisser réduire la sauce jusqu'à épaississement.
- Remettre les coquilles Saint-Jacques, ajouter la ciboulette et assaisonner avec le poivre, le sel et le jus de citron.

Vin suggéré: Sylvaner-Cristal d'Alsace.

Crevettes à la provençale

Le chef
François Pandas
Restaurant Jardin
7953, Hochelaga,
angle Beaugrand

Ingrédients: (1 personne)

- 7 crevettes
- 2 cœurs d'artichaut
- 4 choux de Bruxelles
- 10 carottes miniatures
- 4 pommes de terre Parisienne
- 1 branche de persil
- 2 échalotes
- 90 g de beurre à l'ail
- 3 dl de vin blanc
- 1 dl de brandy
- 5 gouttes de jus de citron

Préparation:

- Rôtir les crevettes dans l'huile végétale, puis ajouter tous les légumes excepté les artichauts, ajouter le vin et le brandy, mijoter une minute et ajouter le beurre à l'ail pendant 2 minutes.
- Ajouter les artichauts et le citron et cuire environ 30 secondes.
- Servir sur un lit de riz Pilaf.

Esturgeon du Saint-Laurent aux pommes

*Le chef
Renaud Cyr
Manoir des
Érables,
Montmagny*

Ingrédients: (6 personnes)

- 125 g de beurre doux
- 1,2 kg de filet d'esturgeon
- 500 ml de bouillon de poisson
- 125 mL de calvabec
- 3 pommes
- 175 mL de crème 35%
- Sel et poivre

Préparation:

- Beurrer un plat allant au four, y disposer les filets d'esturgeon et arroser avec le bouillon de poisson et le calvabec.
- Dans les pommes, prélever des boules à l'aide d'une petite cuillère parisienne.
- Cuire le tout environ 10 minutes à four chaud.
- Récupérer le jus de cuisson en casserole et réduire de moitié; crémer et réduire.
- Assaisonner au goût.
- Monter au beurre.
- Napper l'assiette de sauce; dresser le poisson et décorer avec la pomme.

Filet de doré des brasseurs

*Le chef
François Keller
Hôtel Ritz-
Carlton,
1228 ouest,
Sherbrooke,
Montréal*

Ingrédients: (1 personne)

- 1 filet de doré (7 à 8 oz — environ 225 g)
- 1 endive
- 1 petite bouteille de bière
- ¼ litre crème 35%
- ¼ citron
- Sel, poivre de Cayenne

Préparation:

- Dans un plat allant au four, préparer le filet de doré et une endive en juliennes (coupée en dés).
- Mouiller le tout d'une petite bouteille de bière, couvrir d'un papier ciré et laisser mijoter pendant 5 minutes environ.
- Enlever le filet et laisser réduire de moitié; ajouter ⅛ de litre de crème à 35% et laisser réduire jusqu'à ce que la sauce adhère au dos d'une cuillère à soupe.
- Retirer du feu et ajouter 2 cuillères à soupe de crème à 35% battue; assaisonner de sel, poivre de Cayenne, ajouter la moitié du jus de citron.
- Dresser le filet de doré sur un plat allant au four, napper et colorer en dessous du gril.

Filet de doré verdurette

*Le chef
Roch Laforest,
Centre de
recherches
technologiques de
l'Institut de
tourisme et
d'hôtellerie du
Québec*

Ingrédients: (6 portions)

- 6 filets de doré de 175 g ou 6 oz chacun
- Sel (au goût)
- Poivre (au goût)
- Farine (quantité suffisante)
- 45 mL (3 c. à table) de beurre
- 30 mL (2 c. à table) d'huile d'arachide
- 45 mL (3 c. à table) de beurre
- 45 mL (3 c. à table) d'échalote française hachée
- 90 mL (⅓ tasse) de blanc de poireau en julienne
- 125 mL (½ tasse) de persil haché
- 500 mL (2 tasses) de bouillon de poisson
- 90 mL (⅓ tasse) de crème à 35%
- Sel (au goût)
- Poivre (au goût)
- 45 mL (3 c. à table) de beurre doux

Garniture:
- échalote verte
- cerfeuil frais
- citron

Préparation:

- Enlever la peau des filets de doré.
- Les saler et les poivrer.
- Les rouler dans la farine.
- Faire dorer chaque face des filets dans le beurre et l'huile à feu très doux pendant 4 minutes. Égoutter sur un papier absorbant.
- Faire suer au beurre (à couvert et sans coloration) les échalotes, les poireaux et le persil pendant 3 minutes.
- Mouiller avec le bouillon de poisson et le laisser réduire de moitié.
- Ajouter la crème et rectifier l'assaisonnement.
- Battre la sauce au mélangeur et la monter au beurre, c'est-à-dire lui incorporer des noisettes de beurre froid en fouettant jusqu'à l'obtention d'un mélange homogène.
- Verser la sauce dans le plat de service et y déposer les filets de doré.
- Garnir avec des queues d'échalotes vertes, des bouquets de cerfeuil et des tranches de citron cannelées.

Filet de saumon Bonaventure

Recette présentée par l'Hôtel de l'Institut et son chef, Denis Paquin

Ingrédients: (6 portions)

- 6 morceaux de 180 g (de 6 oz) de filet de saumon
- 90 mL (3 oz) de vin blanc
- 1 L (33 oz) d'eau
- 5 mL (1 c. à thé) de sel

Sauce
- 40 g (3 c à table) 1½ oz de beurre
- 12 huîtres
- 45 g (5 c. à table) 1½ oz de poivron rouge en petits dés
- 30 g (3 c. à table) 1 oz de poivron vert en petits dés
- 45 g (½ tasse) 1½ oz de champignon émincé
- 30 g (½ tasse) 1 oz d'échalote verte émincée
- 25 g (3 c. à table) 1 oz de farine
- 350 mL (12 onces) de jus de cuisson réduit
- Sel et poivre blanc (au goût)
- 50 mL (2 onces) de crème à 35%

Préparation:

- Faire cuire les filets de saumon, à découvert et sans faire bouillir, dans le vin blanc, l'eau et le sel pendant environ 10 minutes.
- Retirer et réserver les filets au chaud, à couvert.
- Laisser réduire le jus de cuisson de moitié.
- Faire suer au beurre (à couvert et sans coloration) les huîtres et leur jus, le poivron rouge, le poivron vert, les champignons et les échalotes vertes pendant environ 10 minutes. Incorporer la farine.
- Mouiller graduellement avec le jus de cuisson des filets. Laisser mijoter pendant 10 minutes. Rectifer l'assaisonnement.
- Ajouter la crème à 35%.
- Dresser le poisson poché dans une assiette chaude.
- Napper chaque filet avec 60 mL (2 onces) de sauce; servir le reste en saucière.

Accompagnement suggéré: Brocoli au beurre et petites pommes de terre rondes.

Gratin de fruits de mer

*Le chef
Jean-Louis
Longeau
Restaurant
Desjardins
1175, rue
MacKay,
Montréal*

Ingrédients: (4 personnes)

- 8 pétoncles
- 12 crevettes de Matane décortiquées
- 2 belles pattes de crabe décortiquées
- 6 champignons de Paris (moyens)
- 2 échalotes hachées

- 1 verre de vin blanc
- 1 cuillère à soupe de pâte de tomate concentrée
- 2 pincées de poivre blanc
- 200 g de gruyère rapé
- 50 g de beurre
- 2 pincées de sel fin

Préparation:

- Faire sauter pendant huit minutes dans le beurre chaud les pétoncles, crevettes, pattes de crabe coupées en morceaux. Ajouter les champignons émincés, puis les échalotes hachées.
- Mouiller avec le vin blanc. Ajouter la pâte de tomate concentrée, le sel, le poivre.
- Laissez cuire pendant vingt minutes. Ajouter 3 cuillerées de sauce béchamel pour lier le tout.
- Disposer dans quatre petits plats à gratin ou un seul et, quelques minutes avant de servir, faire gratiner après avoir ajouté le gruyère rapé.

Homard Thermidor

Le chef Démosthène Agramiotis Restaurant Le Silo rouge, 8255, boul. Taschereau, Brossard.

Ingrédients: (1 personne)

- 1 homard (1¼ lb)
- 4 crevettes bouillies
- 4 pétoncles bouillies
- 4 gros champignons tranchés
- ½ tasse de crème à fouetter
- 1 tasse de bouillon de crevettes et pétoncles
- 3 c. à table de farine tout usage
- ½ c. à thé de paprika
- 2 oz de vin blanc (sec si possible)
- ½ tasse de fromage doux râpé
- 2 c. à table de beurre
- une pincée de sel
- une pincée de poivre

Préparation:

1. Faire bouillir le homard dans un court-bouillon (15 minutes).

2. PRÉPARATION DE L'APPAREIL.

   - Faire bouillir les champignons déjà tranchés.
   - Faire fondre le beurre dans une casserole et ajouter la farine en remuant constamment jusqu'à consistance d'un roux.
   - Ajouter le bouillon chaud au roux en remuant constamment, puis incorporer le vin blanc toujours en remuant. Ensuite, lentement incorporer la crème. Finir la sauce en ajoutant le paprika, le sel et le poivre.
   - Ajouter à la sauce les champignons, les crevettes, les pétoncles et le poivre.

3. Couper le homard bouilli en papillon et le déposer dans un plateau allant au four. Verser l'appareil à thermidor sur la chair du homard et couvrir de fromage.

4. Gratiner le tout pendant 15 minutes au four à 400°F ou jusqu'à apparence dorée.

5. Servir avec riz à la vapeur, brocoli et choux-fleurs.

Moules marinières

*Le chef
Jean-Pol Laval
Restaurant La
Baleinière,
5860, boul. Léger,
Montréal-Nord*

Ingrédients: (4 personnes)

- 10 lb de moules fraîches
- 2 oignons
- 8 branches de céleri
- 2 pointes d'ail
- 2 poireaux moyens
- 3 tasses de vin blanc
- ¾ de tasse de crème à 35%
- ½ c. à café de poivre noir
- ¼ de tasse d'huile.

Préparation:

- Bien nettoyer les moules une à une. Enlever les coquillages parasites et les algues... Mettre les moules de côté.
- Hacher finement les oignons, les branches de céleri, les poireaux, l'ail, les faire cuire doucement dans ¼ de tasse d'huile pendant 10 minutes.
- Ajouter le vin blanc, la crème, le poivre et les moules. Cuire pendant 12 minutes environ à couvert jusqu'à ce que les moules soient toutes ouvertes.
- Vous pouvez servir avec des frites et de la mayonnaise (comme en Belgique).

Moules à la portugaise

*Le chef
Jose Pereira
Restaurant
Solmar,
3699, rue Saint-
Laurent,
Montréal*

Ingrédients: (6 personnes)

- 4 lb de moules
- 3 onces d'huile d'olive
- 2 oignons hachés
- 1 piment vert haché
- 1 gousse d'ail
- 16 onces de fond de tomates fraîches
- 8 onces de fond de homard
- ½ litre de vin blanc
- Sel et poivre au goût

Préparation:

- Mettre l'huile d'olive dans un poêlon. Y ajouter les tomates, les oignons et le piment vert haché.
- Laisser réduire et ajouter les moules, le vin blanc et le fond de homard.
- Quand les moules sont ouvertes, elles sont prêtes à servir.

Pêcheries atlantiques
du Québec inc.

787, rue du Marché Central
ANGLE DES RUES CRÉMAZIE ET DE L'ACADIE
MONTRÉAL, QUÉBEC, CANADA

382-9070

Moules aux fines herbes

Le chef
Constantin
Sitaras
Montréal
Aéroport Hilton,
12505, Côte-de-
Liesse,
Dorval

Ingrédients:

- 20 moules
- 30 g d'échalotes vertes, finement hachées
- 2 dl de vin blanc sec
- ½ tasse de chapelure blanche
- ¼ c. à thé d'ail finement haché
- 2 c. à table de tomates fraîches en dés
- 20 g d'huile d'olive ou de beurre
- 1 c. à thé de persil haché
- Sel et poivre au goût

Préparation:

- Laver et nettoyer minutieusement les moules. Les ouvrir avec un petit couteau et laisser la deuxième coquille.
- Chauffer à l'avance le poêlon et ajouter du beurre. Faire sauter les moules avec les échalotes. Ajouter les tomates en dés et laisser cuire à feu doux pendant 2 minutes.
- Déglacer au vin blanc. Ajouter chapelure, persil haché, sel et poivre au goût. Servir immédiatement.

Mousseline chaude de truite à la mignonnette

Recette présentée par le Centre de recherches technologiques de l'Institut de tourisme et d'hôtellerie du Québec

Ingrédients: (6 portions)

- 225 g (8 oz) de chair de truite
- 1 œuf
- Sel (au goût)
- Poivre (au goût)
- 125 mL (½ tasse) de crème à 35%
- 75 ml (⅓ tasse) de beurre
- 5 mL (1 c. à thé) de beurre

SAUCE
- 30 mL (2 c. à table) de porto
- 15 mL (1 c. à table) de poivre concassé
- 250 mL (1 tasse) demi-glace*
- 60 mL (¼ tasse) de beurre

Préparation:

- Mélanger la chair de truite, l'œuf, le sel, le poivre, la crème et le beurre. Passer au robot de cuisine de façon à obtenir une purée très lisse.
- Beurrer six petits moules de 125 mL (½ tasse) et placer l'appareil à l'intérieur. Cuire au bain-marie pendant environ 20 minutes dans un four à 180°C (350°F).

Sauce:
- Faire réduire le porto avec le poivre.
- Ajouter la demi-glace. Faire réduire de moitié.
- Monter au beurre c'est-à-dire ajouter des petits morceaux de beurre froid en fouettant jusqu'à l'obtention d'un mélange homogène. Arroser la mousseline de sauce.
- Servir chaude.   * À défaut, utiliser de la sauce brune.

Noix de Saint-Jacques à la coque

*Le chef
Henri Varaud
Membre de
l'Académie
culinaire de
France,
Restaurant René
Varaud,
Les Terrasses, 3e
étage (entrée boul.
de Maisonneuve)*

Ingrédients: (2 personnes)

- 2 coquilles de pétoncle (grandes)
- 6 pétoncles (environ 100 g)
- 2 c. à café d'huile d'olive vierge
- 2 c. à soupe de Sherry
- 10 feuilles de basilic frais émincé
- 2 gousses d'ail égermées et écrasées
- Sel et poivre
- De la pâte feuilletée

Préparation:

- Nettoyer les pétoncles et les mettre dans les coquilles.
- Arroser avec le sherry et l'huile d'olive. Saler et poivrer.
- Ajouter le basilic et l'ail.
- Étaler la pâte feuilletée mince et couvrir les coques.
- Dorer la pâte au jaune d'œuf et cuire à four chaud (450°F) durant 10 minutes.
- Servir chaud.

Pétoncles au beurre blanc

Sœur Berthe Sansregret, C.N.D., École supérieure des arts et métiers, Montréal

Ingrédients:

- Beurre et huile
- 2 échalotes hachées finement
- 1 lb de pétoncles
- 1 tasse de vin blanc sec
- 1 tasse de crème 35%
- ¾ lb de beurre doux en cubes
- ½ c. à table de jus de citron
- Sel, poivre, fenouil ou persil.

Préparation:

- Chauffer le gras, ajouter les échalotes puis les pétoncles.
- Verser le vin blanc, couvrir et laisser cuire quelques minutes à feu très doux.
- Enlever les pétoncles, les garder au chaud et faire réduire le liquide de moitié.
- Ajouter la crème, faire réduire de moitié sur un feu doux, incorporer le beurre par fractions en fouettant.
- Ajouter le jus de citron, saler, poivrer.
- Égoutter la sauce et remettre sur le feu quelques secondes.
- Verser sur les pétoncles. Saupoudrer de fenouil ou de persil.

GARNITURE DE LÉGUMES

Ingrédients:

- beurre, eau, sel
- 1 carotte en bâtonnets
- 1 petit zucchini en bâtonnets
- 1 blanc de poireau en julienne
- 4 champignons émincés

Préparation:

- Chauffer le beurre, ajouter un peu d'eau, le sel, les carottes; faire cuire quelques minutes, puis ajouter le zucchini, le poireau et, en dernier, les champignons.
- Couvrir et cuire quelques minutes.

Pétoncles en navarin

*Le chef
Jean Saliou
Hôtel Ritz-
Carlton,
1228, ouest, rue
Sherbrooke,
Montréal*

Ingrédients: (8 personnes)

- 2 lb St-Jacques avec corail
- ½ lb carotte
- 1 navet moyen
- 1 pied de céleri
- 1 courgette
- ½ botte d'aneth
- ½ litre de vin blanc
- Thym, laurier, sel, poivre
- ¼ lb de beurre
- Beurre blanc
- 4 échalotes françaises finement hachées
- ½ litre vin blanc sec (Muscadet)
- ¼ litre jus de cuisson des pétoncles
- ¼ litre de crème à 35%
- 1 lb de beurre doux
- 1 c. à soupe de farine
- 1 c. à soupe d'aneth haché
- Poivre, sel.

Préparation:

- Suer les pétoncles au beurre et les mouiller avec le vin blanc, sel, poivre, thym, laurier. Cuire à point. Réserver le jus de cuisson pour le beurre blanc.
- Tourner les légumes et les cuire à l'eau salée; garder croquants.
- Faire le beurre blanc comme suit:
  Réduire le vin blanc et les échalotes hachées.
  Ajouter le jus de cuisson et réduire de moitié.
  Ajouter la crème et réduire de moitié.
  Ajouter le beurre en dés légèrement farinés.
  Saupoudrer d'aneth frais haché et réduire.
  Verser sur les pétoncles et finir la cuisson.
  Servir avec les légumes et quelques branches d'aneth.

Filet de poisson en sauce du Yucatan

Le chef Clemente Gonzalez Nava Guadalajara Sheraton Hôtel Centre-Sheraton, 1201 ouest, Dorchester, Montréal.

Ingrédients: (4 personnes)

- 2 lb de bar, ou autre poisson à chair ferme et non grasse, coupés en 4 filets
- 4 grosses têtes d'ail écrasées
- Poivre noir
- ¼ c. à thé de cumin
- ½ c. à thé d'origan
- Sel
- ½ tasse de mélange et deux tiers de jus d'orange et un tiers de jus de citron
- ½ tasse d'huile d'olive
- 1 gros oignon finement émincé
- 2 têtes d'ail hachées
- 2 tomates pelées
- 2 piments rouges, égrainés et émincés
- 1 piment fort, égrainé et émincé (facultatif)
- 2 c. de persil haché

Préparation:

- Mettre les filets de poisson dans une assiette.
- Préparer un mélange avec l'ail, le poivre noir fraîchement moulu, le cumin, l'origan, le sel et le jus d'orange pour lier ce mélange.
- Enduire les filets de poisson sur les deux côtés avec le mélange et laisser reposer 30 minutes.
- Verser un peu d'huile d'olive dans un plat peu profond mais assez large pour contenir les filets de poisson. Utiliser juste assez d'huile pour couvrir le fond du plat. Disposer les filets de poisson dans le plat avec le reste de marinade.
- Recouvrir avec les oignons, l'ail haché, les tomates et les piments. Verser le restant d'huile sur le poisson, couvrir et laisser cuire à feu modéré, jusqu'à ce que le poisson ait perdu son aspect transparent, environ 15 minutes.
- Saupoudrer de persil et servir avec du riz. Des tortillas peuvent également accompagner ce plat.

Escalope de saumon en papillote

Le chef
Su Le Thien
Auberge Ramada
Inn,
1005, rue Guy,
Montréal

Ingrédients:

- 4 escalopes de saumon frais de 150 grammes
- 1 carotte
- 1 navet
- 1 poireau
- 2 branches de céleri
- 2 oz de Vermouth Noilly
- 2 limettes, pelées à vif et tranchées en lamelles
- Ciboulette fraîche hachée
- Beurre, poivre et sel
- Papier d'aluminium

Préparation:

- Couper carotte, navet, poireau, céleri en fines juliennes, les mélanger et les blanchir dans un peu d'eau avec du beurre, saler, poivrer. Les égoutter.
- Avec le papier d'aluminium, faire 4 enveloppes de 15 x 15 cm; on prend soin de bien plier 2 fois les bords pour les garder hermétiques. Garder un côté ouvert.
- Mettre une escalope dans chaque papillote, 2 tranches de limette sur le dessus, échalote hachée, ciboulette fraîche, une noisette de beurre, poivre, sel et enfin ½ oz de Vermouth Noilly. Refermer le dernier côté, vérifier s'il n'y a pas de fuite.
- Mettre les papillotes sur une plaque huilée, cuire au four à 450°F pendant 12 minutes. La vapeur dans l'enveloppe la fera gonfler, comme un ballon.
- Mettre les papillotes sur des assiettes très chaudes et servir tel quel, accompagnées de pommes de terre persillées et légumes au hasard du marché, sur une assiette à part.

Filet de sole au ris de veau

*Le chef
Zdravko Kalabric
Restaurant "Le
chemin du Roy",
639, rue Notre-
Dame,
Repentigny*

Ingrédients:

- 6 filets de sole
- ¼ litre de vin blanc, Mâ-con-Village
- ¼ litre de crème à 35%
- 1 litre de fond de poissor (fumet)

- Sel, poivre, estragon frais
- 1 livre de ris de veau
- Bouquet garni
- Eau, sel, poivre
- Citron, farine

Préparation:

- Pocher le ris de veau dans 3 pintes d'eau (avec bouquet garni). Refroidir le ris de veau. Couper en escalopes. Assaisonner, saupoudrer avec la farine et faire sauter. Garder au chaud.
- Pocher les filets de sole dans le vin blanc (avec fond de poisson). Une fois cuits, retirer les filets, réduire le bouillon. Vers la fin, ajouter la crème à 35%. Réduire pendant 3 à 4 minutes. Assaisonner au goût et enlever du feu.
- Placer les filets de sole sur un plat allongé (torpille). Napper avec la sauce et disposer les médaillons de ris de veau sur les filets de sole. Garnir avec des pommes olivette et du brocoli frais au beurre, saupoudrer de persil. Servir très chaud.

Suprême de
saumon à l'anis

Jean Gimenez
St-Tropez
1208, rue
Crescent

Ingrédients: (3 personnes)

- 10 cl de fumet de poisson
- 10 cl de vin blanc sec
- 3 cl de Ricard
- 3 pincées d'herbes de Provence
- 15 graines d'anis
- 10 cl de crème à 35%
- 125 g de beurre
- Sel, poivre, citron, 1 bulbe de fenouil frais
- 530 g de filet de saumon (ou des escalopes de 170 g).

Préparation:

- Mettre le fumet de poisson, le vin blanc, le Ricard, les herbes et les graines d'anis dans une sauteuse et laisser réduire des trois quarts. Ajouter la crème et porter à ébullition.
- Monter cette sauce au beurre, 75 g, manié hors du feu.
- Rectifier l'assaisonnement avec un peu de jus de citron; si la sauce est trop épaisse, la détendre avec un peu de fumet de poisson.
- Couper le fenouil en julienne et le faire cuire dans de l'eau salée à 50 g de beurre. (5 minutes).
- Préparer les filets de saumon en 3 escalopes fines pour donner une cuisson rapide, les placer sur une Téflon beurrée et mettre à four chaud (425°F) quelques minutes.
- Sur un plat de service, disposer le fenouil, ensuite les escalopes de saumon et verser la sauce autour; ne pas napper. Accompagner ce plat de riz et/ou d'épinards vapeur.

Tourte à la morue «du pêcheur»

*Le chef
Marcel Kretz
Académie
culinaire de
France
Hôtel La
Sapinière
Val-David*

Ingrédients: (Recette pour 1 tourte (9" x 10") — 4 à 6 personnes)

- 1 lb. (500 g) pâte à tarte
- ½ tasse pommes de terre crues, en dés
- ½ tasse céleri en dés
- ½ tasse oignons hachés
- ½ tasse persil haché
- ½ tasse champignons en dés

- ½ tasse Veloutine claire
- 2 tasses morue crue, en dés (ou aiglefin, saumon, perche, corégone, brochet, truite de lac, etc...)
- Sel, poivre au goût, un peu de dorure.

Préparation:

- Sauter le céleri, les oignons légèrement, blanchir les pommes de terre, laisser refroidir.
- Mélanger dans un bol tous les ingrédients — assaisonner.
- Faire deux abaisses égales, dont l'une servira de fond et l'autre de couvercle (comme pour une tourtière).
- Remplir la tourte, couvrir, faire un petit trou dans le milieu pour laisser échapper la vapeur. Dorer le dessus.
- Cuire pendant 15 minutes environ au four à 350°F. Servir telle quelle ou avec une sauce blanche ou au vin blanc.

CHAPITRE 3
VIANDES ET GIBIERS

Entrecôte flamande

*Le chef
Jean-Claude
Granger
Restaurant Chez
le capitaine
Bernier,
3939, boulevard
Lévesque,
Laval*

Ingrédients: (1 portion)

- 1 entrecôte de 12 onces
- 8 onces de fond brun
- 2 onces de crème à 35%
- 6 gros champignons en julienne
- 4 onces de céleri-rave en julienne
- 4 onces de vin blanc
- quelques grains de poivre noir
- Sel et poivre

Préparation:

- Faire revenir l'entrecôte pour la colorer. La retirer du feu.
- Ajouter les champignons et le céleri-rave coupés en julienne, ainsi que les grains de poivre concassés.
- Faire revenir le tout et mouiller avec le vin blanc.
- Ajouter le fond brun, la crème à 35%. Saler et poivrer.
- Verser sur l'entrecôte et servir avec des légumes et des patates frites ou bouillies.

Filet de boeuf forestière

*Le chef
Simos Danilidis
Restaurant
Scampinata,
8195, ouest boul.
St-Martin
Laval*

Ingrédients:

- 16 onces de filet mignon
- ½ lb de champignons
- 1 once de beurre
- 2 onces de vin rouge sec
- 6 onces de sauce au jus de boeuf

Préparation:

- Couper le filet en quatre tranches de 4 onces chacune.
- Cuire lentement les tranches dans le beurre de 5 à 10 minutes selon le goût. Ensuite, ajouter les champignons coupés en morceaux et les laisser cuire pendant 4 minutes.
- Ajouter le vin et la sauce au jus. Laisser mijoter quelques minutes, puis servir avec les légumes d'accompagnement, pommes de terre sautées au beurre, chou brocoli, haricots verts fins.

Steak au poivre

*Le chef
José Loureiro
Le Relais
Terrapin,
295 ouest, Saint-
Charles,
Vieux-Longueuil*

Ingrédients:

- 1 entrecôte de 12 onces
- Poivre noir en grains
- Beurre
- Huile végétale
- 1 échalote hachée
- 1 once de cognac
- ½ once de porto
- 2 onces de fond brun
- 1 once de crème 35%

Préparation:

- Prendre une belle entrecôte pas trop grasse et l'enrober de poivre noir concassé grossièrement.
- Dans une poêle à flamber, en cuivre si possible, mettre ½ once (total) moitié beurre, moitié huile végétale. Faire cuire le steak au goût.
- Au jus de cuisson, ajouter une échalote finement hachée et laisser blondir. Flamber avec une once de cognac et ½ once de porto.
- Retirer le steak de la poêle. Ajouter aussitôt 2 onces de fond brun et une once de crème fraîche à 35%. Lier la sauce à feu vif. Napper le steak de cette sauce.
- Servir sur une assiette bien chaude.
- Vin suggéré: Beaujolais ou Côte de Beaune.

Petits tournedos à l'oseille et au caribou

Recette présentée par le Centre de recherches technologiques de l'Institut de tourisme et d'hôtellerie du Québec.

Ingrédients: (6 portions)

- 45 mL (3 c. à table) de beurre
- 6 tournedos (180 g ou 6 oz)
- Sel, poivre
- 125 mL (½ tasse) de caribou
- 125 mL (½ tasse) d'oseille ciselée
- 30 mL (2 c. à table) de demi-glace de veau*
- 125 mL (½ tasse) de crème à 35%
- 45 mL (3 c. à table) de beurre
- Poivre du moulin (quantité suffisante)
- Beurre fondu (quantité suffisante)

Préparation:

- Faire fondre le beurre doucement sans le laisser brunir.
- Faire revenir les deux côtés des tournedos pendant environ 3 minutes pour chaque face afin qu'ils demeurent saignants.
- Saler et poivrer. Les réserver au chaud.
- Retirer le gras et déglacer au caribou c'est-à-dire dissoudre avec un peu de caribou les sucs de viande qui se sont caramélisés au fond du plat de cuisson.
- Ajouter l'oseille ciselée, la demi-glace de veau et la crème. Laisser réduire pendant 3 minutes et vérifier ensuite l'assaisonnement.
- Monter la sauce au beurre en lui ajoutant des petits morceaux de beurre froid et en la fouettant jusqu'à l'obtention d'un mélange homogène.
- Poivrer à la fin (un tour de moulin). Napper le fond de chaque assiette avec la sauce et y poser un tournedos.
- Lustrer la surface avec un peu de beurre fondu.

* À défaut, utiliser de la sauce brune.

Goujonettes de volaille en croustade à la kervida

*Le chef
Jean Saliou,
Hôtel Ritz-
Carlton*

Ingrédients: (4 personnes)

- 4 poitrines de poulets dé-
  sossées et sans peau
- 12 beaux champignons de
  Paris émincés
- ¼ litre de vin blanc sec
  (Muscadet)
- ¼ litre de crème à 35%
- Ciboulette hachée
- 4 croustades feuilletées
  (on les trouve à la pâtisserie)
- ¼ livre de beurre

Préparation:

- Prépaer les escalopes de poulet en goujonettes (en minces filets de ¼" sur 3").
- Faire sauter au beurre chantant 3 - 4 minutes.
- Ajouter les champignons crus émincés et cuire 3 - 4 minutes.
- Retirer le poulet et les champignons et garder au chaud.
- Déglacer le poêlon au vin blanc et laisser réduire de moitié.
- Ajouter la crème 35% et laisser réduire encore de moitié à feu doux.
- Monter au beurre et vérifier l'assaisonnement; sel et poivre au goût.

- Mettre le poulet et les champignons dans les croustades et napper de sauce.
- Saupoudrer de ciboulette finement hachée.

N.B.: On trouve les croustades préparées dans les pâtisseries.

GARNITURE
- 4 tomates évidées
- 1 zuchini (courgette) en dés
- Lasagna verde au beurre aldente

Jambonnette de volaille sauce au Brie de Vaudreuil

*Jean-Pierre
Sauval,
chef exécutif de
l'hôtel Méridien,
Montréal*

Ingrédients: (4 personnes)

- 4 cuisses de volaille
- 100 g de noix de veau
- 20 cl de crème fraîche 35%
- 10 g de beurre
- 2 blancs d'œufs
- 1 jaune d'œuf
- 1 branche de persil
- 10 cl de Porto
- 80 g de Brie de Vaudreuil

Préparation:

- Mettre les 80 g de Brie à la température de votre cuisine. Désosser les 4 cuisses en laissant tout simplement le pilon, saler et poivrer l'intérieur.
- Faire une farce fine avec 100 g de noix de veau. Passer deux fois à la grille fine, mettre le veau haché dans un blender. Verser 1 œuf entier plus 1 blanc d'œuf, faire tourner une minute par intervalle, saler et poivrer, verser 10 cl de crème fraîche 35% et tourner 30 secondes.
- Farcir chaque cuisse de volaille en refermant les chairs de façon à lui donner la forme d'une jambonnette.

- Prendre un sautoir (casserole à fond épais), y mettre une noix de beurre, attendre que le sautoir soit bien chaud, placer vos jambonnettes dedans, les faire colorer et cuire au four pendant 20 minutes à feu doux (275°F).
- Mettre ensuite les jambonnettes dans un plat et les tenir au chaud, retirer la graisse qui se trouve dans le sautoir et y ajouter le porto, saler et poivrer et laisser réduire de moitié. Verser la crème fraîche, faire réduire pendant trois minutes, passer au chinois (passoire fine), monter votre sauce avec les 80 g de Brie que vous avez fait ramollir au préalable.
- Verser la sauce sur les jambonnettes et y ajouter une pincée de persil haché.

Poulet au sirop d'érable

*Le chef
Maurice Lacelle
Brasserie Le
Gobelet,
8405, Saint-
Laurent
Montréal*

Ingrédients:

- Un petit poulet à rôtir de 2½ à 3½ lb
- Sel, poivre, paprika
- Farine, huile, beurre
- ¼ tasse d'échalotes françaises hachées
- ½ tasse de vin blanc
- 1 tasse de sirop d'érable
- 2 tasses de bouillon de poulet
- 2 c. à thé de fécule de maïs

Préparation:

- Couper le poulet en morceaux. Les passer dans le sel, le poivre, la farine et le paprika, ensuite les colorer dans l'huile et le beurre à feu doux jusqu'à ce qu'ils soient bien dorés.
- Retirer les morceaux de poulet et déglacer le fond de la lèchefrite avec les échalotes françaises, le vin blanc et le sirop d'érable.
- Après réduction, passer le fond et verser le tout sur le poulet. Mettre au four à 350°F de 20 à 30 minutes. Préparer le bouillon (environ 2 tasses) après avoir retiré les morceaux de poulet.
- Ajouter au fond de cuisson le bouillon de poulet. Assaisonner au goût. Lier légèrement avec un peu de fécule de maïs. Passer le fond et verser le tout sur les morceaux de poulet. Servir très chaud.

Poulet au whisky

Le chef
Francisco Pereira
Restaurant Le
Neufchâtel
Le Château
Champlain
1, Place du
Canada, Montréal

Ingrédients: (6 personnes)

- 3 poulets entiers de 2 à 2½ livres chacun (chaque poulet coupé en 4 morceaux)
- Sel et poivre blanc au goût
- ¼ tasse d'huile végétale
- ¼ tasse de beurre
- 2 c. à thé d'échalote coupée finement
- 2 onces de whisky
- Persil coupé finement
- 1 litre de crème à 35%

Préparation:

- Dans un poêlon épais de 14" à 16", faire chauffer l'huile sur feu moyen. Placer les morceaux de poulet assaisonnés avec sel et poivre et cuire durant 5 minutes, ne pas brunir. Retirer l'huile, ajouter le beurre, l'échalote et cuire durant 1 à 2 minutes.
- Flamber avec le whisky, laisser réduire un peu.
- Ajouter la crème et faire cuire pendant à peu près 20 à 30 minutes sur feu modéré. La sauce doit devenir épaisse en cuisant, sinon employer un roux ou de la fécule de maïs et lier. Avant de servir, ajouter le persil.
- Servir avec du riz au safran et des moitiés de poires sautées dans du beurre doux.

Vin suggéré: Côtes-du-Rhône, Le Gorgeton.

Un vin du dimanche
qui peut aussi endimancher tout bon repas de semaine.

Vos bons repas
méritent un bon vin.
Accompagnez-les en toute confiance
de l'Entre-Côte, un vin rouge sec qui vous attirera autant d'éloges que votre cuisine.
En vente à la S.A.Q. et dans les épiceries licenciées.

PRODUIT PAR, LES VINS BRIGHTS LTÉE, ST-JOSEPH DU LAC, QUÉBEC, CANADA

Watersoï de volaille

*Le chef
Jean-Claude
Marchoux
Le Café de Paris
Hôtel Ritz-
Carlton,
1228 ouest,
Sherbrooke,
Montréal*

Ingrédients: (6 personnes)

- 6 blancs ou suprêmes (de 10 oz chacun) de poulet
- 6 pommes de terre moyennes
- 2 grosses carottes
- ½ pied de céleri

- 2 gros poireaux
- 2 oignons
- 1 petit bouquet de persil
- 2 clous de girofle
- 2 feuilles de laurier

Préparation:

- Tourner vos pommes de terre. Couper en julienne: carottes, poireaux, céleri.
- Faire cuire vos blancs de poulet dans un court-bouillon aromatisé (sel, poivre en grain, laurier, persil, oignon piqué de clous de girofle).
- Faire cuire également les légumes coupés en julienne, dans le même court-bouillon des suprêmes.
- Garder vos blancs et vos légumes au chaud.
- Prendre la moitié du court-bouillon et le mettre à réduire. Ensuite épaissir avec une crème à 35% jusqu'à obtention d'une sauce lisse et onctueuse.
- Dresser les blancs sur un plat, napper avec la sauce et garnir tout autour avec vos légumes, pommes de terre et légumes coupés en julienne. Servir bien chaud.

Le mignon de porc aux palourdes

*Le chef
Abel de Campos
Restaurant La
Portugaise
3956, Saint-
Laurent,
Montréal*

Ingrédients: (4 personnes)

- 2 lb de mignon de porc
- 3 lb de palourdes
- Vin blanc
- 1 lb de patates frites, cou-
  pées en cubes
- Laurier
- Ail
- Paprika
- Poivre et sel
- Persil.

Préparation:

- Faire mariner pendant une journée ou deux le mignon de porc avec vin blanc, ail, laurier, persil, paprika, poivre et sel. Faire frire le mignon de porc.
- Quand il est bien doré, ajouter les palourdes.
- Quand elles sont ouvertes; ajouter le liquide de la marinade. Laisser réduire, ajouter le persil et les patates frites coupées en cubes.
- Servir chaud.

Vin suggéré: Dâo, Caves Aliença (rouge).

Filet de porc à la manière de l'auberge

*Le chef
Gilbert
Parmentier
Auberge de
l'Anse au sable,
16289 ouest, boul.
Gouin,
Sainte-Geneviève*

Ingrédients: (2 personnes)

- 2 filets de porc dégraissés et tranchés en médaillon
- 3 oz d'armagnac
- ¼ litre de crème à 35%
- 1 c. à soupe de grains de poivre noir écrasés
- 1 c. à table d'huile végétale
- 1 c. à table de beurre
- 1 c. à thé de ciboulette hachée
- 1 c. à thé de moutarde de Dijon
- 1 pincée de sarriette
- 4 blancs de poireaux moyens
- 1 cube de concentré de boeuf

Préparation:

- Faire bouillir les blancs de poireaux pendant 15 minutes. Les rafraîchir et les égoutter.
- Assaisonner les médaillons de porc avec le sel et le poivre. Chauffer le beurre et l'huile dans une poêle en fonte. Faire saisir les médaillons, sans trop les colorer. Dégraisser et flamber avec l'armagnac.
- Retirer les médaillons, les ranger dans un plat allant au four, ainsi que les blancs de poireaux séparés en deux. Garder au four à environ 350°F.
- Déglacer la poêle de cuisson avec la crème à 35%. Ajouter la moutarde, la sarriette et le cube de bouillon. Saler légèrement et laisser bouillir quelques minutes.
- Verser la sauce sur les médaillons et les poireaux.
- Laisser mijoter lentement au four de 3 à 5 minutes seulement. Saupoudrer de ciboulette et servir avec des nouilles aux œufs.

Vin suggéré: Masia Bach, rouge.

Côtes de porc à la dijonnaise

Le chef
Georges
Papadimitriou
Auberge du
Cheval Blanc
15760 est, Notre-
Dame
Pointe-aux-
Trembles.

Ingrédients: (2 personnes)

- 4 côtes de porc de 4 oz (125 g)
- 1 oz d'huile
- 1 oz de beurre
- 2 oz de vin blanc
- 1 oz de moutarde de Dijon
- 4 oz de crème 35%
- Sel et poivre

Préparation:

- Dans un poêlon, faire revenir et dorer à feu modéré les côtes de porc avec l'huile et le beurre. Assaisonner et napper de moutarde.
- Déglacer au vin blanc.
- Laisser mijoter 10 minutes à couvert.
- Avant de servir, incorporer la crème. Amener à ébullition jusqu'à épaississement.
- Servir.

81

Porc sucré acidulé

*Le chef
Keidok Turcot,
professeur de
cuisine chinoise.*

Ingrédients:

- 12 oz de porc maigre
- 1 poivron vert
- 3 tranches d'ananas
- 2 gousses d'ail
- 1 œuf

SAUCE
- ½ tasse de vinaigre blanc
- ½ tasse de sucre blanc
- 1 c. à café de sel
- 2 gousses d'ail
- 2 échalotes vertes
- 2 piments forts
- 2 c. à table de fécule de maïs
- 3 c. à table de sauce aux tomates (catchup)

Préparation:

- Faire macérer le porc coupé en morceaux dans un œuf entier où vous aurez délayé 1 c. à table de sauce soya (30 minutes).
- Couper les poivrons et ananas en cubes de même grosseur que le porc, mettre de côté.
- **Préparation de la sauce:** mélanger tous les ingrédients en écrasant légèrement l'ail, laisser les échalotes entières ainsi que les piments forts. Déposer le tout dans une casserole à feu doux, porter à ébullition et laisser chauffer 3 minutes. Quand cela bout, ajouter la fécule de maïs que vous aurez délayée auparavant dans la même quantité d'eau froide. Ajouter doucement, remuer jusqu'à consistance huileuse. Quand la couleur change et devient rouge c'est prêt, retirer du feu. Vous pouvez conserver cette sauce au réfrigérateur 3 semaines.
- **Cuisson du porc:** 4 tasses d'huile végétale. La cuisson du porc se fait dans une grande friture à 375°F. 1 tasse de fécule de maïs. Passer les morceaux de porc un à un dans la fécule de maïs avant de les plonger dans l'huile. Faire saisir les morceaux en les tournant bien de tous les côtés. Égoutter les morceaux sur un papier essuie-tout, mettre de côté.
- **Finition:** mettre tous les ingrédients dans la sauce à feu moyen, dès que ça bout, éteindre le feu, c'est prêt à servir avec du riz.

Médaillons de veau au poivre vert

*Le chef
Abdou Leblanc
Restaurant Au
Joli Foyer,
2800, rue Botham,
Ville Saint-
Laurent*

Ingrédients:

- 4 médaillons de veau
- 2 échalotes hachées
- 2 oz de sherry Bristol
- 1 oz de cognac
- 1 tasse de crème à 35%
- 2 oz de demi-glace
- 4 têtes de champignons
- 1½ c. à table de poivre vert de Madagascar
- Beurre et huile végétale

Préparation:

- Dans un poêlon à fond épais, faire chauffer une cuillerée à table de beurre et une d'huile végétale.
- Disposer les médaillons de veau après les avoir passés dans la farine. Une fois dorés, retourner les médaillons, puis les retirer du poêlon.
- Y mettre les échalotes. Les faire revenir, y verser une once de cognac et deux onces de sherry Bristol. Laisser réduire de moitié, ajouter la crème et la demi-glace, poivrer. Laisser réduire jusqu'à consistance.
- Remettre les médaillons dans cette sauce et laisser mijoter une minute.
- Dresser sur un plat et servir avec des têtes de violon au beurre, des fettucini au parmesan et des tomates à la provençale.
- Après avoir poché les têtes de champignons dans du vin blanc, les disposer sur chaque médaillon.
- Vin suggéré: un beaujolais.

Émincé de foie de veau aux endives

*Le chef
Peter Muller
Restaurant
William Tell,
2055, rue Stanley,
Montréal*

Ingrédients:

- 240 g (½ lb) de foie de veau émincé
- 2 belles endives coupées en tranches en diagonale
- 25 cl (¼ de litre) de vin blanc sec
- 50 g de ciboulette

- 60 g de beurre
- 3 cl de vinaigre de vin
- 2 échalotes (sèches) hachées
- Huile, sel, poivre, glace de viande.

Préparation:

- Faire un beurre blanc à la ciboulette, en faisant réduire vin blanc, vinaigre et échalotes à 90%, puis en laissant refroidir un peu avant d'ajouter lentement le beurre en remuant. Ajouter enfin la ciboulette.
- Faire chauffer (très chaud) un peu d'huile et y mettre les endives que vous tournerez deux fois avant de réserver au chaud.
- Faire fondre une noisette de beurre, ajouter le foie de veau émincé et faire sauter très rapidement; le foie doit sortir saignant.
- Étaler quelques feuilles d'endives entières, y placer dessus le foie de veau et les endives émincées. Napper avec le beurre blanc et garnir avec un filet de glace de viande.

Vin suggéré: Étoile du Valais.

Médaillon de veau et homard «Klagenfurt 1983»

*Le chef
Marcel Kretz
Académie
culinaire de
France,
Hôtel La
Sapinière, Val-
David*

Ce plat a valu une première position à l'équipe nationale du Canada lors d'une compétition culinaire internationale tenue à Klagenfurt, Autriche, en mars 1983. C'est Marcel Kretz, chef de cuisine à l'Hôtel La Sapinière de Val-David, qui dirigea cette équipe (Relais et Châteaux de France).

Ingrédients: (4 personnes)

- 4 escalopes de veau de 125 g chacune, environ
- 2 homards de 500 g chacun
- 2 tasses fond de veau brun
- 2 ou 3 échalotes hachées
- 4 cuillerées à table de poivre vert
- ¼ l crème double
- 1 dl vin blanc
- ½ dl cognac
- 3 c. à table farine
- 2 c. à table beurre
- Sel, poivre

Préparation:

- Faire pocher le homard pendant 6 à 7 minutes. Laisser refroidir. Couper en deux dans le sens de la longueur et décortiquer queues et pinces. Garder au chaud.
- Assaisonner les escalopes, les passer à la farine, sauter au beurre. Garder au chaud.
- Dans la même sauteuse, sauter les échalotes, la moitié du poivre vert, ajouter une cuillerée à table de farine, mélanger, ajouter le vin, mélanger, ajouter le fond de veau et laisser mijoter doucement pendant 15 minutes.
- Ajouter la crème, mélanger et laisser réduire jusqu'à consistance voulue. Passer au tamis fin, ajouter le reste du poivre vert et le cognac. Vérifier l'assaisonnement.
- Verser la sauce sur l'escalope et le homard et réchauffer lentement. Peut-être servi sur riz, nouilles, etc., accompagné de légumes tels que brocoli, asperges vertes ou un mélange de petits légumes.

Rognons et ris de veau aux pommes et calvados

*Le chef
Mme Micheline
Delbuguet
Restaurant Chez
la Mère Michel
1209, rue Guy,
Montréal*

Ingrédients:

- 2 rognons de veau (300 g environ)
- 2 ris de veau (300 g environ)
- 3 pommes
- 2 ou 3 échalotes sèches hachées
- Sel, poivre (poivre vert)
- 100 g de beurre
- 2 dl de vin blanc sec
- 2 dl de calvados
- 2 dl de fond de veau
- 2 dl de crème 35%
- 1 à 2 c. à table d'huile

Préparation:

- Ris de veau bien dégorgés et fortement blanchis. Les couper en morceaux d'environ 1 cm. Dégraisser et nettoyer les rognons, les couper en morceaux. Pommes pelées, épépinées et coupées en petits dés.
- Dans une poêle, mettre l'huile, une noisette de beurre, faire chauffer fortement, y saisir les rognons en les remuant. Saler et poivrer, ajouter échalotes hachées. Quelques secondes de cuisson, verser vos dés de pommes.
- Dans un autre poêlon, faire dorer vos ris de veau avec une noisette de beurre, 1 cuillerée d'huile, assaisonner, ajouter à vos rognons et flamber au calvados. Retirer le tout dans une petite casserole et garder au chaud.
- Déglacer votre poêlée avec le vin blanc, réduire, ajouter le fond de veau, finir avec la crème 35%. À l'onctuosité désirée, ajouter les rognons, ris et pommes. Vérifier l'assaisonnement et finir avec une noix de beurre.
- Servir sur riz ou en croustade.

Rognons de veau flambés

Le chef
Mme Micheline
Delbuguet
Restaurant Chez
la Mère Michel
1209, rue Guy,
Montréal

Ingrédients:

- 1 ou 2 beaux rognons à graisse blanche si possible
- 2 échalotes sèches hachées
- 1 c. de beurre
- 1 c. d'huile
- 1 c. de moutarde de Dijon
- 1 c. de tomate fondue
- 2 dl de crème à 35%
- 4 ou 5 beaux champignons émincés et sautés
- Sel, poivre
- Armagnac ou cognac

Préparation:

- Dégraisser les rognons, les couper en deux dans le sens de l'épaisseur et retirer dans chaque moitié ce que vous pourrez enlever de canaux et de petites peaux. Les couper en morceaux.
- Dans une poêle, mettre l'huile, le beurre, chauffer fortement et y saisir les rognons très rapidement. Ajouter l'échalote hachée, saler, poivrer.
- Flamber à l'armagnac ou au cognac. Retirer dans une petite casserole, garder au chaud.
- Faire la sauce dans la poêle en ajoutant la moutarde, tomate fondue, crème et réduire. Rectifier l'assaisonnement, finir avec une noix de beurre.
- Verser sur vos rognons et champignons sautés. Servir immédiatement.

Veau braisé à l'orange

*Le chef
Carlo
Restaurant
Alfredo
6260 est, Jean-
Talon,
Montréal*

Ingrédients: (4 personnes)

- 900 g de noix de veau
- 1 orange
- ½ verre de vin rouge
- 1 jaune d'œuf
- 80 g de beurre
- 50 g de foie de veau
- 1 louche de bouillon
- Sel et poivre

Préparation

- Faire rissoler la viande avec 50 g de beurre. Lorsqu'elle est dorée, ajouter une louche de bouillon, faire cuire pendant une heure et demie.
- Faire rissoler à part le foie. Le broyer dans le mortier et y incorporer le jus de l'orange pressée, le vin rouge et la pelure de l'orange râpée.
- Une demi-heure avant de retirer la viande du feu, verser le composé. Saler et poivrer.
- Après cette dernière demi-heure de cuisson, retirer la viande. Incorporer le jaune d'œuf à la sauce pour la lier. Couper la viande en tranches. Les couvrir avec la sauce.
- Servir chaud.

Portafoglio Alfredo (escalope mixte Alfredo)

*Le chef
Tony Raneri
Restaurant La
Perla,
6010 est,
Hochelaga,
Montréal*

Ingrédients:

- 4 tranches de veau (très minces) 6 onces chacune
- 4 tranches de prosciutto
- 8 tranches de fromage mozzarella
- 2 échalotes
- ½ tasse de champignons coupés

- 1 c. à soupe de beurre
- ½ tasse de vin blanc
- 1 pincée de persil
- Sel et poivre
- ½ tasse de farine

Préparation:

- Sur chaque escalope (battre l'escalope afin de l'amincir) poivrer et saler légèrement, y déposer une tranche de proscuitto et deux tranches de fromage. Enrouler le tout et s'assurer que le fromage soit entièrement à l'intérieur. Passer à la farine.
- Dans un poêlon, mettre 1 c. à table d'huile et faire chauffer, y déposer les portafoglios, faire rissoler les deux côtés et mettre au four à 375°F pendant 10 minutes.
- Dans la même poêle, ajouter l'échalote, les champignons et arroser avec le vin. Lier avec le beurre et ajouter le persil. Servir chaud.

Poêlée d'abats aux épinards et aux navets

*Le chef
Jacques Robert
Restaurant Au
Tournant de la
Rivière
Carignan,
co. de Chambly*

Ingrédients: (4 personnes)

- 1 ris de veau
- 1 rognon de veau ou 2 d'agneau
- 1 ou 2 foies de volaille
- 2 navets blancs
- 1 paquet d'épinards

- 1 verre de sauternes
- 1 c. de vinaigre de vin ou Xerès
- 1 c. de fond de viande
- Poivre et sel au goût.

Préparation:

- Couper en petits cubes tous les abats.
- Les faire sauter au beurre vivement 2 à 3 minutes en commençant par le ris, les foies et les rognons.
- Égoutter le tout dans une passoire et déglacer la poêle au sauternes et vinaigre de vin. Laisser réduire et ajouter une noix de beurre.
- Remettre les ingrédients dans la sauce et assaisonner au goût. Les navets émincés en rondelles fines seront coupés en deux. Les faire sauter vivement dans un corps gras 3 minutes.

- Faire pocher les épinards 15 secondes dans l'eau bouillante, bien les égoutter.
- Disposer les navets en couronne sur le bord de l'assiette, ensuite une couronne d'épinards et, au milieu, les abats en sauce.
- Vin suggéré: St-Jovian. (Bordeaux).

Cailles au pimbina

*Le chef
Michel Deret
Culinaid Inc.
(traiteur)
6001, avenue du
Parc,
Montréal*

Ingrédients:

- 8 cailles
- 1 noix de beurre
- 8 petits cubes de pâté de foie
- 1 c. à table d'huile
- 4 c. à table de pimbina
- 1 c. à café de calvabec

Préparation:

- Désosser les cailles très délicatement, en commençant par le dos, les farcir avec le pâté de foie. Garder les os pour le fond de la sauce.
- Ficeler les cailles et les faire saisir dans un poêlon en fonte. Finir la cuisson au four à 240°F après avoir enduit les cailles de pimbina, laisser 20 minutes environ.
- Préparer votre fond avec les os des cailles, 1 carotte, 1 branche de céleri et ½ oignon. Laisser bouillir le tout 30 minutes, passer.
- Lier avec le bouillon et déglacer votre poêlon avec un beurre manié, le reste du pimbina et le calvabec.
- Pour que la sauce soit bien lisse, ajouter une noix de beurre à la fin.
- Napper sur les cailles.

Foies de lapereau au vinaigre de framboise et à l'oignon vert du Québec

Recette présentée par le Centre de recherches technologiques de l'Institut de tourisme et d'hôtellerie du Québec.

Ingrédients: (1 portion)

- Sel
- Poivre
- 175 g (6 oz) de foie de lapereau
- Farine (quantité suffisante)
- Beurre (quantité suffisante)
- Échalotes vertes (6 petites ou 3 grosses)
- 15 mL (1 c. à table) de beurre
- 5 mL (1 c. à thé) de sucre
- 15 mL (1 c. à table) de vinaigre de framboise
- ½ tomate émondée en dés
- 250 mL (1 tasse) de consommé de poulet
- 30 mL (2 c. à table) de beurre

Facultatif
- Framboises fraîches (quantité suffisante)
- Épinards (quantité suffisante)

Préparation:

- Assaisonner les foies de lapereau et les enfariner.
- Les faire sauter au beurre, c'est-à-dire les faire cuire à feu vif dans le beurre en remuant la sauteuse pour empêcher les ingrédients d'attacher; les garder saignants. Retirer de la sauteuse et réserver au chaud.
- Faire sauter vivement les échalotes au beurre.
- Saupoudrer de sucre et faire caraméliser.
- Déglacer au vinaigre de framboise de façon à dissoudre les sucs qui se sont caramélisés au fond de la sauteuse.
- Ajouter la tomate.
- Mouiller avec le consommé et faire réduire.
- Monter la sauce au beurre, c'est-à-dire lui ajouter des petits morceaux de beurre froid en fouettant jusqu'à l'obtention d'un mélange homogène.
- Vérifier l'assaisonnement. Napper le fond de l'assiette de sauce. Y dresser les foies, les échalotes vertes et la tomate en dés. Décorer avec quelques framboises fraîches chaudes (facultatif). Servir avec des épinards cuits à la vapeur.

Lapin sauce moutarde à la Jonas

*Le chef
Jonas
Restaurant Chez
Jonas,
209, boul. des
Laurentides,
Pont-Viau.*

Ingrédients:

- 1 lapin de 3 à 5 livres
- 1 verre de vin blanc sec (12 oz)
- 4 oignons de moyenne grosseur
- 3 c. à soupe de moutarde forte de Dijon
- Farine
- Huile
- Thym
- Estragon
- Sel et poivre

Préparation:

- Couper le lapin en morceaux. Rouler les morceaux dans la farine. Faire revenir ces morceaux dans un poêlon avec un peu d'huile. Une fois revenus, mettre les morceaux dans un chaudron. Émincez les oignons grossièrement et les faire revenir dans le même poêlon. Déglacer avec le verre de vin blanc.
- Ajouter 3 c. à table de moutarde de Dijon. Saler, poivrer, ajouter le thym et l'estragon. Finir au four à 350°F pendant une heure et quart. Servir avec des pommes de terre bouillies et des légumes au choix (petits pois, haricots verts, brocoli, etc.).

97

Lapin au poivre vert

Le chef
Bruno Nardi
Restaurant
«Le 9e»
Magasin Eaton
Montréal

Ingrédients: (4 personnes)

- 1 lapin
- Vin blanc
- Vinaigre, ail
- Carottes

- Céleri
- Poireau
- Feuille de laurier
- Thym

- 2 oz de crème 35%
- ½ oz de poivre vert

Préparation:

- Faire mariner un lapin de 2 livres découpé en 10 morceaux, pendant 24 heures dans une marinade composée de vin blanc, quelques gouttes de vinaigre, ail, carottes, céleri, poireau, feuille de laurier, thym.
- Après 24 heures, égoutter et éponger les morceaux, les fariner et les faire revenir au beurre. Mouiller avec la marinade et ajouter un peu d'eau si nécessaire pour bien couvrir le tout.
- Cuire doucement pendant 1 heure 45 minutes au four à 325°F.
- Retirer les morceaux et les mettre de côté.
- Épaissir très légèrement la sauce avec du beurre manié, la passer dans une passoire et ajouter 2 oz de crème 35%. Faire revenir au beurre ½ oz de poivre vert pendant une minute. Ajouter 2 oz de vin blanc et faire cuire encore une minute. Ajouter les morceaux de lapin et la sauce.
- Assaisonner au goût.
- Mijoter pendant une minute et servir très chaud avec asperges ou petites carottes.

Ballottine de canard

*Le chef
Alain Clauzier,
Restaurant Le
Marignan,
2067 rue Stanley,
Montréal*

Ingrédients:

- 1 canard
- 1 verre de vin blanc
- 1 oz de cognac
- Carottes

- Sel
- Poivre
- Thym et laurier

FARCE:
- ½ portion de gras de porc
- ¼ portion de chair maigre de porc
- ¼ portion de chair de canard

Préparation:

- Dépouiller le canard à cru et étaler la peau sur une serviette.
- Farcir la peau du canard et la rouler dans la serviette.
- Ficeler et faire cuire à feu doux recouvert d'eau où vous aurez mis carottes, sel, poivre, etc.
- Amener lentement à ébullition et laisser cuire doucement 20 minutes par 500 grammes de préparation.
- Retirer la ballottine du bouillon et laisser refroidir en la posant sur une grille au moins deux heures avant de la placer au réfrigérateur.
- Servir froid avec des cornichons.

CHAPITRE 4
DIVERS

Champignons en blanquette

Le chef
Marcel Beaulieu
Brasserie Molson
Montréal

Ingrédients: (4 personnes)

- 2 btes de champignons entiers (10 onces)
- 2 c. à table de beurre
- 2 c. à table de farine
- 4 tranches de pain blanc
- 1 tasse de bière Molson «canadienne»
- 2 jaunes d'œufs
- 3 c. à table de crème à 35%
- Sel et poivre

Préparation:

- Faire fondre le beurre sans le laisser brunir dans une casserole à fond épais. Ajouter la farine et bien mélanger.
- Mouiller avec la bière et une demi-tasse de jus de champignons. Remuer vivement jusqu'à reprise de l'ébullition. Laisser bouillir deux à trois minutes.
- Ajouter les champignons. S'ils sont trop gros, les couper en deux. Quand les champignons sont bien chauds, ajouter les jaunes d'œufs délayés dans la crème à 35%. Remuer, chauffer sans faire bouillir.
- Faire frire, dans une poêle avec du beurre, les tranches de pain. Couper en triangles ces tranches frites et décorer le plat de champignons avec ces triangles. Servir chaud.

Cuisses de grenouilles au Pernod

*Le chef
Alexandre
Restaurant
Aux Mouettes
1280, Laurentien,
Saint-Laurent*

Ingrédients:

- 6 cuisses de grenouilles par personne
- 1 œuf par personne
- 1 oz de Pernod
- Farine
- Beurre
- Sel et poivre

Préparation:

- Passer les cuisses de grenouilles dans l'œuf ou les oeufs battus, les rouler dans la farine et les passer dans le beurre chaud.
- Cuire 5 minutes sur le dessus du poêle et les mettre au four pendant 5 autres minutes à 450°F, sur la grille du centre.
- À la sortie du four, réchauffer le Pernod dans une louche, le flamber et le verser sur les cuisses de grenouilles.
- Servir sur un lit de riz pilaf.

Fondue parmesan

*Le chef
Adrien
Burgdorfer
Restaurant Au
Petit Suisse,
38, rue Saint-
Joseph,
Granby*

Ingrédients:

- 6 c. à table de beurre
- ¾ tasse de farine
- 1¼ tasse de lait
- 1 jaune d'œuf
- 1 c. à thé d'aromates
- ¼ c. à thé de poivre
- ¼ c. à thé de muscade
- 1 tasse de fromage rapé
  (cheddar doux)
- 1 tasse de parmesan rapé

Préparation:

- Faire fondre le beurre, ajouter la farine, cuire pendant cinq minutes sur feu doux.
- Ajouter le lait, brasser jusqu'à consistance lisse. Ajouter le jaune d'œuf et les assaisonnements. Brasser de nouveau.
- Quand le tout est bien mélangé, ajouter le fromage. Bien mélanger. Mettre le tout dans un moule de 9 x 9 en tapissant le fond et les côtés d'un papier d'aluminium bien étendu.
- Mettre au congélateur durant deux heures. Ensuite, tailler des bâtonnets de 2 pouces par ½ pouce.
- Passer les bâtonnets dans des oeufs battus avec du lait. Les rouler dans la farine et repasser à nouveau dans les œufs battus, puis dans la chapelure. Frire à 300°F.

CHAPITRE 5

DESSERTS

Clafoutis aux abricots

Ingrédients: (6 personnes)

- 1 boîte 4/4 d'abricots au sirop
- 200 g de farine
- 100 g de sucre semoule
- 1 pincée de sel
- 2 œufs
- 1 c. à table de crème fraîche
- 3 c. à table de cointreau

Préparation:

- Ranger les abricots dans un plat allant au four, beurré et saupoudré de sucre semoule.
- Mélanger la farine, le sucre, le sel, les œufs entiers, la crème, le sirop d'abricots et le cointreau, pour en faire une pâte coulante, un peu plus épaisse qu'une pâte à crêpes. Si nécessaire, ajouter un peu de lait tiède.
- Verser sur les abricots et faire cuire à four moyen 30 à 35 minutes. Servir tiède ou froid, dans le plat de cuisson, saupoudrée de sucre semoule.

REMARQUE — Vous pouvez faire un clafoutis avec n'importe quels fruits au sirop: pêches, poires, ananas, cerises, etc.

Coupe ardechoise

Ingrédients: (6 personnes)

- 1 boîte de crème de marrons de 500 g
- 4 c. à table de cointreau
- 6 tranches d'ananas
- 125 g de crème fraîche
- 1 c. à table de lait
- 50 g de sucre

Préparation:

- Mélanger la crème de marrons et le cointreau, et répartir dans 6 coupes.
- Mettre une tranche d'ananas dans chaque coupe.
- Fouetter la crème, le lait et le sucre pour obtenir une crème Chantilly. Déposer en dôme sur les tranches d'ananas.
- Servir glacé.

Crêpe aux fraises «sans rival»

Le chef
Costas Sitaras
Chef exécutif
Montréal
Aéroport Hilton
International

Ingrédients: (4 portions)

- 4 crêpes cuites — 6" de diamètre
- 24 fraises mûres
- 30 g de pâte d'amandes ou marzipan
- 30 g de grand marnier
- 15 g de kirsch
- 120 g de flan à la vanille
- 2 blancs d'œufs
- 120 g de sucre granulé
- 30 g de noisettes, rôties et hachées
- 1 c. à table de sucre à glacer

Préparation:

- Laver et équeuter les fraises, les couper en demies et les placer dans un bol. Saupoudrer de grand marnier et de kirsch et mariner pour 30 minutes. Retirer les fraises et mettre de côté.
- Placer la pâte d'amande ou le marzipan dans un petit bol, y verser la moitié de la liqueur de marinade et mélanger jusqu'à ce que la pâte devienne lisse.
- Ajouter le «flan» et très bien mélanger.

- Étendre le mélange sur chacune des crêpes et y ajouter des portions égales de fraises sur chacune. Répandre le reste de la marinade sur le dessus.
- Plier les crêpes et placer, le côté plié vers le haut, sur un plateau à four graissé.
- Fouetter les blancs d'œufs en pics mous et ajouter graduellement le sucre en continuant à fouetter jusqu'à consistance de neige ferme.
- Ajouter les noisettes et, à l'aide d'un tube à pâtisserie, y garnir chaque crêpe d'une quantité égale.
- Saupoudrer de sucre à glacer et placer dans un four préchauffé à 375°F et faire cuire jusqu'à ce que la meringue devienne d'un brun doré, 6 minutes environ.

CRÊPES:

- 150 g (une tasse) de farine tout usage
- 2 c. à table de sucre
- 1 pincée de sel
- 2 œufs entiers
- 2 jaunes d'œufs
- 180 g de crème 15%
- 2 c. à table de beurre fondu
- 1 c. à table de rhum
- ½ c. à thé de zeste d'orange râpé

Préparation:

- Tamiser ensemble la farine, le sucre et le sel. Battre ensemble les œufs et les jaunes d'œufs et y ajouter la farine.
- Ajouter le lait et brasser le beurre jusqu'à consistance lisse.
- Incorporer le beurre fondu et le rhum. Laisser reposer 30 minutes. Frire dans une poêle de 6 pouces.

Gâteau au fromage blanc

*Le chef
Gérard Gaudin
Chef pâtissier des
cuisines de
l'Hôtel Méridien
Montréal*

Gâteau au fromage blanc, ingrédients:

- 45 g de vin blanc
- 2 jaunes d'œufs
- 45 g de sucre
- 45 g de feuilles gélatine
- 170 g de fromage à la crème
- 200 g de crème 35%
- ¼ de zeste de citron

Génoise blanche aux biscuits blancs, ingrédients: (pour 1 moule de 10 pouces)

- 4 œufs
- 40 g de farine blanche

Pâte sucrée, ingrédients:

- 62 g de beurre doux
- 62 g de sucre
- 1 œuf
- 1¼ g de sel
- 1¼ g de poudre à pâte
- 62 g de farine monarch

● Abaisser cette boule de pâte circulaire de la grandeur du moule que vous désirez. Piquer à l'aide d'une fourchette, cuire au four moyen. Refroidir.

Pâte sucrée, préparation:

● Crémer le beurre avec le sucre. Ajouter l'œuf et travailler le tout à l'aide d'une spatule en bois. Incorporer la farine dans la pâte sans trop la travailler; cette pâte ne doit pas avoir de corps ou de résistance. La poudre à lever permet d'avoir une pâte sucrée plus légère, donc plus friable et moins cassante. Le sel donne une meilleure saveur.

Génoise blanche, préparation:

- Casser les œufs dans un bol pouvant aller à la chaleur. Mélanger les œufs et le sucre. Monter ce mélange, en chauffant légèrement au bain-marie. Lorsque le mélange est tiède et presque monté, arrêter de chauffer et continuer à battre jusqu'à complet refroidissement. Incorporer alors délicatement, à la spatule, la farine tamisée. Éviter de donner trop de corps à la pâte ce qui empêcherait son développement. Garnir aussitôt le moule aux deux tiers, préalablement beurré et fariné. Ne pas laisser reposer.

Cuisson:

- Four moyen, après cuisson, démouler sur un torchon. Laisser refroidir.

Crème au fromage blanc, préparation:

- Faire bouillir, sans cesser de remuer, le vin blanc, les jaunes d'œufs, le sucre et le zeste. Hors du feu, ajouter la gélatine, tremper et presser. Battre le fromage. Monter la crème à 35%. Lorsque l'appareil aux œufs est refroidi, incorporer délicatement le fromage blanc et la crème fouettée.

Montage du gâteau au fromage:

- Dans un moule circulaire de 20 centimètres, poser au fond un disque de pâte sucrée. Mettre une mince couche de confiture d'abricots. Couper la génoise en 4 dans le sens de l'épaisseur. Prendre une couche et la poser sur la confiture d'abricots. Garnir environ à mi-hauteur avec de la crème au fromage. Déposer une deuxième couche de biscuits. Garnir à nouveau avec de la crème au fromage et terminer par une couche de biscuits. Passer au grand froid et laisser prendre.

Présentation:

- Entourer et lisser le gâteau de cème Chantilly et appliquer autour du gâteau des amandes effilées et grillées.
- Déposer sur le dessus des cerises au sirop, amandes effilées, crème à 35% et des cerises au sirop.

Quantité pour 1 gâteau.

Gâteau de crêpes aux marrons confits et rhum vieux

PÂTE À CRÊPES

(pour 30 crêpes fines)

Chef pâtissier et chocolatier, Jean-Michel Cabanes, Pâtisserie de Gascogne, 6095 ouest, boulevard Gouin, Montréal

Ingrédients:

- 250 g de farine tout usage
- 80 g d'huile
- 60 g de sucre de semoule
- 80 g de beurre doux
- 6 œufs frais entiers
- 2 c. à table de rhum brun, vieux
- 700 mL de lait entier

Préparation:

- Faire bouillir le beurre jusqu'à ce qu'il prenne une odeur de noisette à peine coloré. Laisser refroidir hors du feu.
- D'autre part, mélanger au fouet la farine, l'huile, le sucre, les œufs (à la température de la pièce), l'alcool, le beurre noisette avec 200 mL de lait jusqu'à l'obtention d'un mélange lisse et consistant. Continuer à ajouter du lait mais gardez-en 200 mL pour éventuellement alléger la pâte juste avant la cuisson. Couvrir et laisser reposer 3 à 4 heures à la température de la pièce.
- On peut aussi préparer la pâte à crêpes la veille. Les crêpes peuvent se conserver un mois au congélateur.
  Ustensiles: 1 bol, 1 fouet, 1 petite casserole, une ou deux poêles en Teflon.

CRÈME PÂTISSIÈRE

pour 700 à 800 grammes de crème

- ½ litre de lait entier
- 6 jaunes d'œufs frais
- 150 g de sucre de semoule
- 40 g de farine tout usage
- 1 gousse de vanille

Préparation:

- Faire bouillir le lait avec la gousse de vanille fendue dans le sens de la longueur, laisser infuser quelques minutes hors du feu.
- Au mélangeur, fouetter vivement les jaunes d'œufs et le sucre jusqu'à ce que le mélange blanchisse, ajouter la farine en pluie sans la travailler, transvaser dans une autre casserole. Retirer la gousse de vanille du lait et racler-la à l'aide d'un petit couteau; mettre les graines dans le lait et remuer le lait à ébullition.
- Ensuite, le verser sur le premier mélange en fouettant doucement et remettre le tout sur le feu. Laisser bouillir la crème une minute en la fouettant vigoureusement contre le fond de la casserole pour éviter que cela n'attache au fond.
- Verser la crème dans un bol et recouvrir avec un papier genre «Saran» placé directement sur la crème. On peut conserver cette crème trois jours au réfrigérateur.

MOUSSELINE AUX MARRONS CONFITS

Ingrédients:

- 450 g de crème pâtissière
- 140 g de beurre doux
- 140 g de pâte de marrons confits
- 1 c. à soupe de rhum vieux

Préparation:

- Travailler la pâte de marrons et le beurre ramolli avec l'aide d'une spatule jusqu'à l'obtention d'une pâte lisse.
- Mélanger au batteur la crème pâtissière, le beurre, la pâte de marrons et l'alcool jusqu'à consistance d'une crème homogène. Vous pouvez utiliser aussitôt. Peut se conserver trois jours au réfrigérateur.

SAUCE AU RHUM VIEUX

Ingrédients:

- 200 g de crème pâtissière
- 200 g de crème 35%
- 2 c. à soupe de rhum vieux brun

Préparation:

- Mélanger la crème pâtissière, la crème 35% et le rhum jusqu'à l'obtention d'une sauce parfaitement lisse.
- Passer au chinois ou au tamis.
  Attention on ne peut conserver cette sauce qu'un jour.

RÉALISATION DU GÂTEAU DE CRÊPES AUX MARRONS CONFITS ET RHUM VIEUX

La veille: se procurer tous les ingrédients ainsi que le matériel nécessaire.

- Faire la pâte à crêpes.
- Faire les crêpes, les disposer en soleil sur une grande assiette pour éviter qu'elles ne collent entre elles et les couvrir d'une pellicule plastique genre «Saran». Réserver au réfrigérateur.
- Faire la crème pâtissière, réserver au réfrigérateur.

Le jour même: au moins 4 ou 5 heures avant le service.

- Faire la mousseline aux marrons confits.
- Monter aussitôt le gâteau en disposant tour à tour une crêpe, une fine couche de mousseline parsemée de brisures de marrons confits. Réserver au réfrigérateur.
- Faire la sauce au rhum et la réserver aussi au réfrigérateur.
- Au moment de servir, couper les pointes de gâteau à l'aide d'un couteau trempé dans l'eau bouillante et disposer sur une grande assiette dont vous aurez, au préalable, nappé le fond de sauce au rhum vieux. Décorer chaque portion d'une rosace de mousseline et d'un marron confit entier.

Parfait à l'érable et coulis de framboises

Recette présentée par le Centre de recherches technologiques de l'Institut de tourisme et d'hôtellerie du Québec

Ingrédients: (6 portions)

- 6 jaunes d'œufs
- 90 mL (⅓ tasse) de sirop d'érable
- 250 mL (1 tasse) de crème à 35%
- 15 mL (1 c. à table) de beurre doux
- 45 mL (3 c. à table) de sucre d'érable râpé

Coulis de framboises:
- 200 mL (¾ tasse) de framboises surgelées
- 45 mL (3 c. à table) de sucre à glacer
- 90 mL (⅓ tasse) d'eau

Préparation:

- Fouetter les jaunes d'œufs jusqu'à l'obtention d'un mélange blanc et mousseux.
- Faire chauffer le sirop d'érable pendant 2 minutes et incorporer graduellement le sirop chaud aux jaunes d'œufs tout en continuant de fouetter. Fouetter la préparation pendant encore 10 minutes jusqu'à épaississement. Réserver.
- Fouetter la crème en Chantilly et l'introduire délicatement dans le premier mélange.
- Enduire de beurre des moules à dariole* et les poudrer de sucre d'érable. Garnir aux trois quarts avec le mélange et mettre au congélateur pendant 3 à 4 heures environ.

Coulis de framboises:

- Passer les framboises au mélangeur avec le sucre à glacer et l'eau pendant environ 2 minutes, puis filtrer le jus au chinois fin ou au tamis.
- Napper le fond d'une assiette avec le coulis.
- Pour démouler le parfait, glisser une pointe de couteau tout autour et passer le dessous du moule sous l'eau froide. Déposer le parfait une fois démoulé sur le coulis de framboises et servir.

* À défaut du moule à dariole, utiliser un moule à muffin.

Marquise au chocolat

Ingrédients: (4 personnes)

- 150 g de chocolat à croquer
- 4 œufs;
- 2 c. à table de cointreau

Préparation:

- Faire fondre le chocolat avec une c. à table d'eau.
- Hors du feu, ajouter les jaunes d'œufs un à un, le cointreau et les blancs d'œufs battus en neige très ferme, en faisant attention de ne pas les briser.
- Verser dans des coupes individuelles. Servir très froid avec des tuiles.

Mousse au cointreau

Ingrédients: (4 personnes)

- 60 g de sucre semoule
- 3 œufs
- 2 c. à table de cointreau
- 125 g de crème fraîche
- 1 c. à table de lait

Préparation:

- Travailler le sucre et les jaunes d'œufs jusqu'à ce que le mélange commence à blanchir et soit bien mousseux. Ajouter le cointreau.
- Fouetter en Chantilly la crème et le lait. Mélanger les deux préparations et ajouter un blanc d'œuf battu en neige ferme
- Verser dans des coupes individuelles (coupes à champagne, par exemple).
- Servir glacé, avec une gaufrette «éventail» piquée dans chaque coupe.

Pudding délicieux

Ingrédients: (4 personnes)

- 16 biscuits à la cuillère
- ¼ de pot de gelée de groseilles

Crème anglaise:
- 2 jaunes d'œufs
- ⅓ de litre de lait
- 40 g de sucre semoule
- 2 c. à table de cointreau

Préparation:

- Tartiner les biscuits, du côté plat, de gelée de groseilles. Les réunir deux à deux en sandwich. Les ranger côte à côte dans un plat légèrement creux.
- Faire la crème anglaise, la parfumer au cointreau et la verser chaude sur les biscuits.
- Servir glacé.

Riz à l'impératrice (se prépare la veille)

Ingrédients: (6/8 personnes)

Gâteau de riz:
- 125 g de riz long
- ½ litre de lait
- 75 g de sucre semoule
- 1 pincée de sel

Crème anglaise:
- ¼ de litre de lait
- 2 jaunes d'œufs
- 75 g de sucre semoule
- 4 feuilles de gélatine

Crème Chantilly:
- 125 g de crème fraîche
- 1 c. à table de lait

Fruits confits:
- 125 g de fruits confits variés
- 4 à 5 c. à table de cointreau

Préparation:

- Couper les fruits confits en dés et les faire macérer dans le cointreau.
- Laver le riz. Le faire cuire 2 minutes dans une grande quantité d'eau bouillante. Égoutter et verser dans le lait bouillant avec le sel et le sucre. Couvrir et laisser cuire à petit feu. Le riz est cuit quand il a absorbé tout le lait.
- Faire ramollir la gélatine quelques instants à l'eau froide. Préparer la crème anglaise. Quand elle est cuite, ajouter la gélatine. Mélanger pour la faire fondre. Laisser refroidir.
- Fouetter la crème fraîche et le lait pour obtenir une crème Chantilly.
- Mélanger délicatement, pour ne pas briser les grains de riz, le riz, les fruits, et le cointreau, la crème anglaise et la crème Chantilly. Verser dans un moule uni garni de papier d'aluminium, ce qui facilitera le démoulage. Mettre au réfrigérateur.
- Au moment de servir, démouler le riz sur un plat rond.

Sorbet aux carottes

Recette présentée par le Centre de recherches technologiques de l'Institut de tourisme et d'hôtellerie du Québec

Ingrédients: (6 portions)

- 625 mL (2½ tasses) de carotte
- 400 mL (1⅔ tasse) d'eau
- 325 mL (1⅓ tasse) de sucre
- 20 mL (4 c. à thé) de citron
- 1 blanc d'œuf

Préparation:

- Cuire les carottes dans l'eau sucrée.
- Réduire en purée et passer au tamis fin.
- Ajouter le citron et le blanc d'œuf, et sangler* en sorbetière.

* Sangler: tasser de la glace, pure ou mélangée de sel, autour d'un moule placé dans un récipient pour obtenir la congélation des appareils à glaces, à la crème ou au sirop.

Tarte aux pommes fines du Québec

*Le chef
Renaud Cyr
Manoir des
Érables,
Montmagny*

Ingrédients: (1 tarte)

- 125 g de pâte feuilletée congelée
- 2 pommes
- 30 mL de sucre
- 30 mL de sucre d'érable râpé

Préparation:

- Abaisser la pâte sur 15 cm de diamètre.
- Peler, vider et trancher les pommes. Les disposer en chevalière sur la pâte.
- Saupoudrer de sucre. Cuire au four à 200°C pendant environ 15 minutes et à 180°C pendant encore 15 minutes.
- Saupoudrer de sucre d'érable râpé et glacer au four.
- Servir chaud ou tiède.

Truffes au cointreau (se préparent la veille)

Ingrédients: (pour une vingtaine de truffes)

- 250 g de chocolat à croquer
- 1 c. à table de crème fraîche
- 100 g de beurre très fin
- 2 jaunes d'œufs
- 2 c. à table de cointreau
- quelques cuillerées de cacao non sucré

Préparation:

- Dans une casserole à fond épais mise à feu très doux (à aucun moment la préparation ne doit bouillir), faire fondre le chocolat avec une c. à table d'eau. Ajouter, sans cesser de remuer, la crème, le beurre coupé en petits morceaux, les jaunes d'œufs, et le cointreau. Retirer la casserole du feu dès que le mélange est parfait. Laisser reposer une nuit au réfrigérateur.
- Façonner les truffes très rapidement entre vos mains. Les rouler dans le cacao non sucré et poser chaque truffe dans une petite caissette en papier plissé. Remettre au réfrigérateur avant de déguster.

Remarque — Ces truffes se conservent plusieurs jours au frais.

126

CHAPITRE 6
LA NOUVELLE CUISINE QUÉBÉCOISE À L'INSTITUT DE L'HÔTELLERIE

Historique

C'était un grand repas, du genre de ceux qui ne s'oublient pas. En guise de décor: une cuisine expérimentale où trois chefs officiaient. Dans un angle de la pièce, au-dessus d'une table, une partie de la batterie de cuisine brille de tous ses feux. Plus loin, un poêle au gaz dont les dimensions sont plus que respectables, garde au chaud et réchauffe les plats qui seront servis à une quinzaine de fines bouches. Les pots d'épices garnissent une large surface d'un mur mais, plus loin, les fines herbes fraîches s'épanouissent dans un jardin hydroponique.

Une longue table a été dressée au centre de la cuisine. On a déposé des menus devant les couverts des convives qui sont invités à prendre place. Ils auront à goûter, à analyser et à commenter une vingtaine de mets servis en portions dites de dégustation. Un peu de tout en petites quantités. À la lecture du menu, qui précède la dégustation proprement dite, les exclamations fusent car, le lire, c'était un peu y goûter.

Le festin s'ouvrait sur une portion de *Foie gras de morue à la compote d'oignons*, une *Mousseline de saumon aux rillettes d'anguille fumée*, un *Bavarois de poissons fumés* et un *Parfait de ris de veau aux herbes salées*. Viennent bientôt les soupes et les potages qui sont présentés dans l'ordre suivant: *Soupe au thé des bois et aux fruits des sous-bois*, *Velouté aux têtes de violon et choux de sarrasin* et *Soupe de crabe au calvabec*.

Avant de passer aux plats principaux, qu'on dit plus soutenants que les précédents, on sert un *Sorbet de betteraves*. Puis, recommence la dégustation dont le rythme ne ralentit pas. Un *Boudin de pétoncles aux herbes salées et au beurre fin d'ail* est suivi de petites *Escalopes de saumon au coulis d'oignons et de cerfeuil,* de *Petites saucisses de chevreau grillées au cèdre,* de *Filet de veau de grain déglacé au vinaigre d'érable,* d'un *Cocon de daim en croûte* et de sa *sauce au beurre de pommes.* Avec cela, un *Flan de carottes,* des *Petites nouilles de sarrasin et petits légumes.*

Et puisqu'il fallait respecter la tradition et passer du salé au sucré, les desserts, un à un, firent leur apparition. Une *Tarte aux œufs et au sucre de sève* servie avec une *sauce au caramel d'érable* fit une entrée remarquée. Un *Glacé aux deux parfums des Bois-Francs et sa sauce à l'érable et aux framboises* ne fit pas moins d'effet que la *Glace au pralin d'érable* qui précédait elle-même le clou du repas: le *Sabayon aux noisettes en gelée fine de framboises.*

Il serait sans doute exagéré de dire que le repas fut léger et que les invités quittèrent la table sans ressentir l'impression d'avoir dépasser la mesure. Mais la découverte qu'ils venaient de faire était importante. En quelques heures, le travail accompli par le Centre de recherches technologiques de l'Institut de tourisme et d'hôtellerie du Québec s'était matérialisé sous leurs yeux. Les commentaires et l'analyse parlés et écrits qui jalonnèrent la dégustation allaient maintenant servir aux fins principales de l'événement, soit à la rectification et à l'amélioration de chacun des mets servis ce jour-là.

Il est à noter que, conformément à la mission confiée au Centre de recherches technologiques, le souci d'utiliser et de mettre en valeur des produits alimentaires du Québec était évident. En effet, à l'intérieur des titres descriptifs donnés à chaque plat offert en dégustation, on découvrait le large éventail des produits utilisés au premier comme au second plan. Au-delà de cette première découverte, il devenait évident que la recherche s'orientait dans le sens d'une découverte des éléments culinaires les plus marquants du patrimoine culinaire québécois. La plupart des dix-huit grandes régions étaient présentes, soit à travers un parfum, une viande, un poisson, soit par une céréale, un légume ou un fruit. Aucun des principaux éléments de la nature où nous puisons notre alimentation, d'un bout à l'autre du Québec — la forêt, les sous-bois, la terre et l'eau — n'avait été oublié.

Enfin, et ce n'est pas la moindre des caractéristiques de ce repas gastronomique, la plupart des plats inscrits au menu étaient destinés aux premiers utilisateurs visés par l'Institut de tourisme et d'hôtellerie du Québec: les chefs. Si le Centre de recherches expérimente chaque jour de nouveaux éléments ou de nouvelles façons de cuire ou d'apprêter, il le fait dans le but d'offrir aux hôteliers et aux restaurateurs, dans chaque région, des plats adaptés à la géographie et au climat alimentaires. Il travaille également dans le but de contribuer à la création d'une cuisine régionale nouvelle, authentique et susceptible d'attirer et de retenir l'attention des Québécois des autres régions et celle des touristes.

Ceux qui ont voyagé savent que l'on s'attache au pays que l'on a pu *goûter* et cela, dans tous les sens du terme. Ainsi, l'idéal serait-il de pouvoir *goûter* le Québec, région par région, parfum par parfum, aliment par aliment. Une histoire de table qui aurait les airs d'une histoire d'amour...

L'Institut de tourisme et d'hôtellerie du Québec.

Le Centre de recherches technologiques

Le Centre de recherches technologiques est un service que l'Institut de tourisme et d'hôtellerie du Québec offre gracieusement aux chefs, aux hôteliers, aux restaurateurs et au public.

Depuis sa création en septembre 1979 et jusqu'à maintenant, le C.R.T. a entrepris près de 30 recherches portant sur des sujets tels que l'expérimentation de la viande de loup-marin, la création de documents spécialisés à l'intention des secteurs professionnels, la problématique de l'étalement des produits de l'érable dans la région du Pays de l'érable.

Il a également recueilli 30 000 recettes issues du patrimoine culinaire régionale, et constitué un fichier de recettes contenant lui-même 7 000 recettes. Cet outil précieux permet de répondre aux questions et de fournir tout renseignement concernant l'alimentation.

D'autre part, le Centre de recherches technologiques expérimente chaque jour de nouvelles recettes destinées à mettre en valeur les ressources alimentaires du Québec, à en faciliter et à en simplifier l'usage, d'où la naissance d'une nouvelle cuisine québécoise. Une partie de cette recherche et la cueillette de recettes du patrimoine culinaire ont permis à l'Institut de tourisme et d'hôtellerie du Québec de produire une série d'articles publiés dans des revues et des journaux, ainsi que des émissions diffusées à la radio et à la télévision.

Le C.R.T. a répondu à plus de 2 000 demandes de consultation allant d'une simple question concernant les équivalences entre les onces et les grammes, jusqu'à la composition ou la rédaction de menus, en passant par le choix des vins.

Les spécialistes du C.R.T. y ont répondu... avec empressement.

TABLE DES MATIÈRES

Index des restaurants

Où trouver nos chefs

Hôtel Régence Hyatt
Le chef Heinz Wagner
777, rue Université
Montréal

Hôtel Ritz-Carlton
Le chef François Keller
Le chef Jean Saliou
Le chef J.C. Marchoux
1228 ouest, rue Sherbrooke
Montréal

Hôtel La Sapinière
Le Chef Marcel Kretz
Val-David

Hôtel Sheraton Centre Ville
Le chef
Clemente Gonzalez Nava
1201, ouest,
boul. Dorchester
Montréal

La Brasserie Le Gobelet
Le chef Maurice Lacelle
8405, rue St-Laurent
Montréal

Manoir des Érables
Le chef Renaud Cyr
Montmagny

Pâtisserie De Gascogne
Le chef pâtissier chocolatier
Jean-Michel Cabanes
6095 ouest, boul. Gouin
Montréal

Restaurant Alfredo
Le chef Carlo
6260 est, rue Jean-Talon
Montréal

Restaurant Au Joli Foyer
Le chef Abdou Leblanc
2800, rue Botham
Ville St-Laurent

Restaurant Aux Mouettes
Le chef Alexandre
1280, boul. Laurentien
Ville St-Laurent

Restaurant Au petit suisse
Le chef Adrien Burgdorfer
38, rue St-Joseph
Granby

Restaurant Le Chemin
du roi
Le chef Zdravko Kalabric
639, rue Notre-Dame
Repentigny

Restaurant Chez le
Capitaine Bernier
Le chef
Jean-Claude Granger
3939, boul. Lévesque
Laval

Restaurant Chez Jonas
Le chef Jonas
209, boul. des laurentides
Pont-Viau

Restaurant Chez la
Mère Michel
Le chef
Micheline Delbuguet
1209, rue Guy
Montréal

Restaurant Desjardins
Le chef Jean-Louis Longeau
1175, rue MacKay
Montréal

Restaurant Jardin
Le chef François Pandas
7953 Hochelaga
Montréal

Le Restaurant
La belle Fontaine
Le chef Giuseppe Salvati
1230, rue Labelle
Laval

Restaurant La Baleinière
Le chef Jean-Pol Laval
5860, boul. Léger
Montréal-Nord

Restaurant Léo Foo
Le chef Yan Fong
1001, rue St-Laurent
Montréal

Restaurant Le Marignan
Le chef Alain Clauzier
2067, rue Stanley
Montréal

Restaurant Le 9e
Magasin Eaton
Centre ville
Le chef Bruno Nardi

Restaurant
Le Nouveau Duluth
Le chef Mikio Owaki
172 est, rue Duluth
Montréal

Restaurant La Perla
Le chef Tony Raneri
6010 est, rue Hochelaga
Montréal

Le Restaurant
La Portugaise
Le chef Abel de Campos
3956, rue St-Laurent
Montréal

Le Relais Terrapin
Le chef José Nureiro
295 ouest, St-Charles
Vieux Longueuil

Restaurant René Varaud
Le chef Henri Varaud
Les Terrasses
3e étage
(entrée boul.
de Maisonneuve)
Montréal

Restaurant Scampinata
Le chef Simos Danilidis
8195 ouest, boul. St-Martin
Laval

Restaurant Le Silo Rouge
Le chef
Demosthene Agramiotis
8255, boul. Taschereau
Brossard

Restaurant SolMar
Le chef José Pereira
3699, rue St-Laurent
Montréal

Restaurant
Le Vieux Pêcheur
Le chef Léonard Lem
13000, Voie de Service Sud
Transcanadienne
Montréal

Restaurant William Tell
Le chef Peter Muller
2055, rue Stanley
Montréal

Les cuisines Molson
Le chef Marcel Beaulieu
rue Notre-Dame est
Montréal

Soeur Berthe Sansregret,
C.N.D.
rue Stanley
Montréal

Le chef Bernard Villa
112, rue Guilbault
Longueuil

Culinaid inc.
Le chef Michel Deret
6001, avenue du Parc
Montréal

Professeur et chef de
cuisine chinoise
Madame Keidok Turcot